Texte : Martina Aranda & Clémentine B.
Illustrations : Martina Aranda
Relecture : Anne-Soazig Brochoire

La maison d'édition bénéficie du soutien
de la Fédération Wallonie-Bruxelles.

MIXTE
Papier | Pour une gestion forestière responsable
FSC® C004378
FSC
www.fsc.org

Livre imprimé en Europe sur papier
issu de forêts gérées durablement
et d'autres sources contrôlées

ISBN 978-2-930941-40-0
Dépôt légal : novembre 2023
En France, loi n° 49-956 du 16 juillet 1949
sur les publications destinées à la jeunesse

www.cotcotcot-editions.com

clémentine b. et
martina aranda

HENRIETTA LACKS

cotcotcot éditions

« Et là, au milieu du monde
Pour que la vie réponde
On a pris le temps
Et là, au milieu du monde (et là, et là) »

Les voix de Gaël Faye, Ben Mazué et Grand Corps Malade[1] tourbillonnent dans ma tête au rythme de son jupon et de ses talons...

« Allonger les secondes (et là, et là)
On a pris le temps »

Et là, et là, je ne pense plus qu'à elle, là, à HeLa depuis ce moment où le temps a suspendu son vol pour toute ma famille.

Sur le mur de ma chambre, pas d'affiche de BTS[2] comme chez Ale[3], mon voisin et meilleur ami, mais les photos d'Alexandre Grothendieck, Hedy Lamarr, Rosalind Elsie Franklin et Katherine Johnson[4].
Aucun intrus dans mon petit Panthéon : il et elles ont en commun d'avoir été spoliés de leurs découvertes scientifiques à un moment ou à un autre.

Depuis mardi, HeLa est venue les rejoindre.
Et pourtant, rien ne l'y prédisposait...

HeLa, c'est HENRIETTA LACKS.

Ça y est. J'ai finalisé la liste des cours que je souhaiterais suivre au lycée l'année prochaine. Comme s'il y avait encore un doute, une hésitation. Ale me regarde avec suspicion et un brin d'envie…

Tu m'étonnes ! Il travaille ses parents au corps depuis des mois, les préparant à tout, à l'imprévisible, à l'injustifiable. Un jour, il veut écrire des chansons ; le lendemain, aller installer des panneaux photovoltaïques en Afrique. En vrai *drama queen*[5], il se rêve danseur, avocat de grandes causes humanitaires, grand reporter. Je le regarde avec suspicion et admiration…

Il pense que c'est injuste de devoir trouver sa voie à seize ans. Il ne comprend pas mes préférences, qu'il trouve franchement cheloues.

« *Sors de tes éprouvettes ! Mets des paillettes dans tes lunettes…* » chante-t-il à tue-tête. Sornettes de poète, oui !

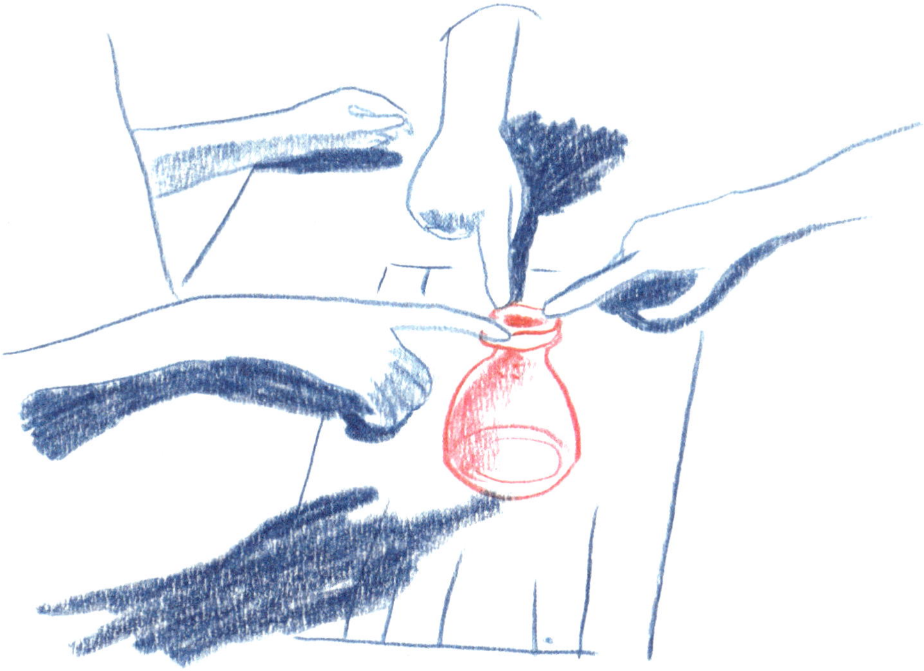

Pour moi, ce sera mathématiques, sciences de la vie et physique-chimie.

Je suis malgré tout triste d'avoir moins de cours en commun avec Ale, mais ça n'est pas si grave. On se retrouvera à la cafète !

antre du vieux Fraggle[6]

D’après Ale, ma famille est « fomax »[7]. C’est plutôt ironique venant de lui.

Il faut dire que je ne suis pas la seule à avoir un OCD[8]. Prenez mon père. Il garde soigneusement tous ses *Rolling Stone*[9] sous plastique.

L'écolo-bobo, qui nous force à trier nos déchets, s'efface alors devant le collectionneur maniaco-dépressif.

De temps en temps, je me faufile au grenier et lui pique un exemplaire de la revue, au hasard. Comme ce numéro de 1976, l'année de sa naissance…

C'est la première fois que j'ai croisé l'acronyme HeLa.

The
DOUBLE
EDGED
HELIX

PERDUE DANS LES TRA–DUC–TIONS

Le magazine entre les mains, je réalise, aujourd'hui seulement, que mon vol – enfin, mon emprunt – n'était peut-être pas si fortuit… L'un des articles mentionnés sur la couverture avait probablement attisé ma curiosité :

The double-edged helix
A biomedical detective story
by Michael Rogers[10]

Le texte débute de manière dramatique. Le journaliste opère un parallèle entre le moment où une « jeune femme noire pleine d'énergie » apprend qu'elle a un cancer et la grâce accordée par les Américains à vingt et un criminels de guerre allemands après la Seconde Guerre mondiale. Je ne vois pas bien le lien entre ces deux événements…

Mon anglais n'est finalement pas si mauvais lorsqu'il s'agit de lire dans la langue de Shakespeare. Je dois cependant m'y reprendre à plusieurs fois pour comprendre le fond de l'affaire et ne pas faire trop d'erreurs d'interprétation.

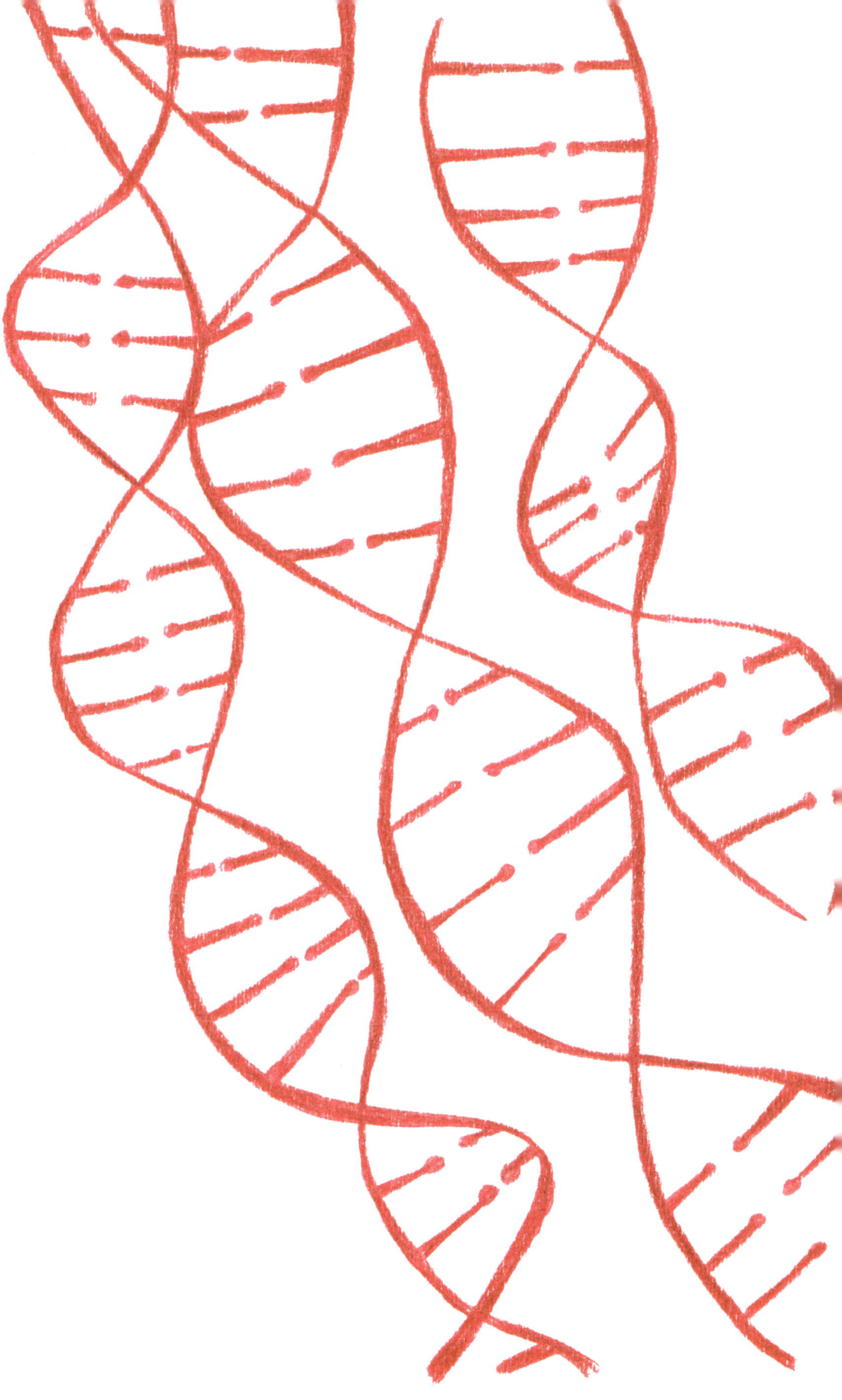

Helen LANE
Helen LARSON
Henrietta LACKS

> une seule et et même personne ?

Michael Rogers découvre le nom d'Helen Lane pour la première fois en 1974. Dans les toilettes de la bibliothèque de l'université médicale de San Francisco !
« *Helen Lane lives!*[11] » est graffé au-dessus des urinoirs. Il n'y prête pas attention sur le coup, prenant probablement l'inscription pour une blague d'étudiant…

Deux mois plus tard, il retrouve ce nom dans un article de la revue *Science*[12], qui met l'ensemble de la communauté scientifique en émoi… L'une des plus anciennes lignées cellulaires – connue sous le code « HeLa » – est suspectée d'avoir contaminé la majorité des cultures cellulaires mondiales.

En février 1951, un chirurgien opère un cancer du col de l'utérus *au Johns Hopkins Hospital* de Baltimore. Il prélève un échantillon de la tumeur cancéreuse et la transmet au docteur Gey, directeur du laboratoire de recherche sur les tissus. Sans en informer sa patiente, Henrietta Lacks.

Son cancer progresse à une rapidité folle. Les cellules de la malade s'avèrent tout aussi dynamiques et résistantes : Gey a la surprise de découvrir qu'une fois mises en culture, elles se développent en moins de vingt-quatre heures, sans discontinuer, et qu'elles ne meurent pas !

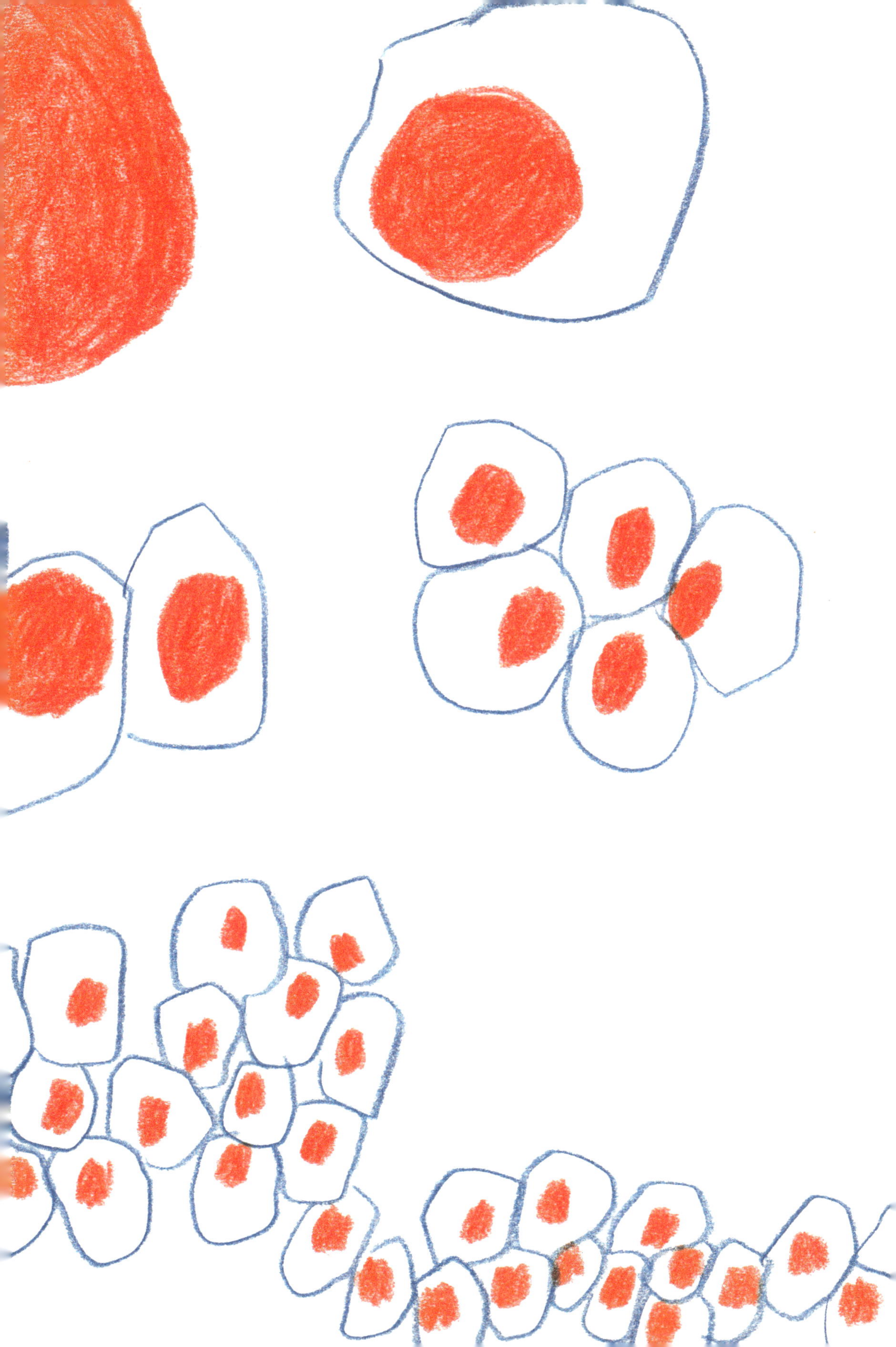

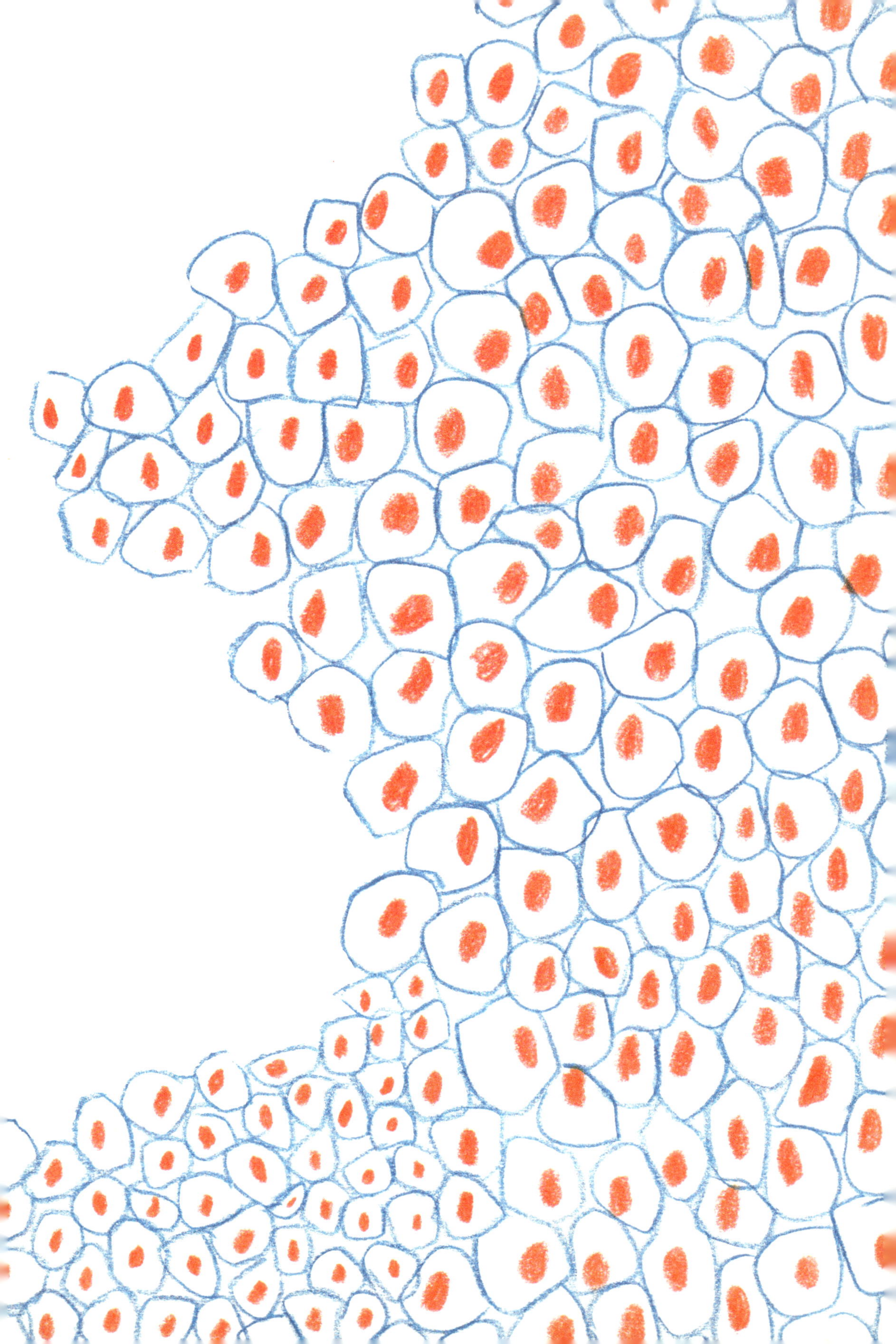

comment et pourquoi
les cellules d'Henrietta Lacks
se sont-elles retrouvées disséminées
dans un grand nombre de laboratoires
de recherche à travers le monde ?

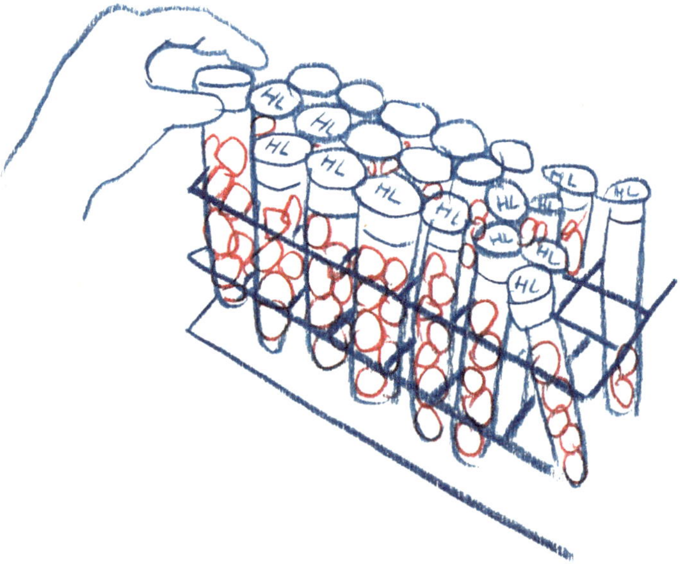

« La culture des tissus humains est, par essence, l'art de faire croire à un ensemble de cellules déposées sur une plaque en verre qu'elles sont en fait encore bien au chaud et en sécurité dans un corps humain et qu'elles peuvent continuer de se multiplier », écrit Michael Rogers.

Les cellules peuvent être saines ou cancéreuses, comme dans le cas des cellules HeLa.

À l'époque, les scientifiques ne savent apparemment pas encore expliquer pourquoi une cellule croît, et pas l'autre.

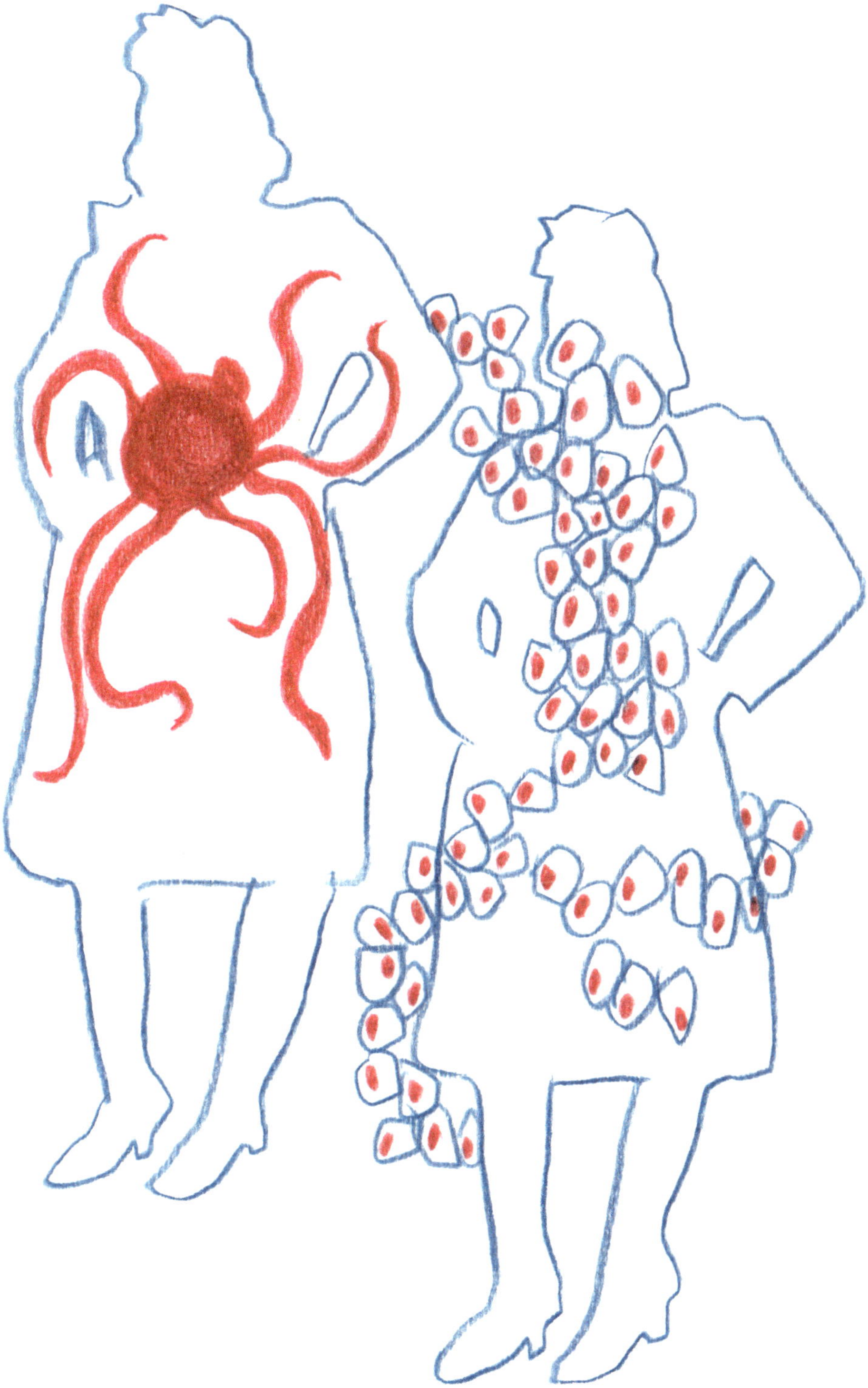

George et Margaret Gey
devant leur laboratoire
- Johns Hopkins Hospital
Baltimore · Maryland, 1951

Le docteur George Gey et sa femme Margaret ont bonne réputation.

Avec peu d'argent en poche pour ses recherches, le biologiste invente dans les années cinquante le *roller tube*, un cabinet en bois contenant un rouleau avec des trous pouvant contenir des tubes à essai.

Je tape « tubes à essai george gey » dans la barre de recherche de mon ordi et tombe sur plusieurs photos de lui dans son laboratoire.

Si le dispositif ne paie pas de mine, il s'agit d'une technique révolutionnaire pour l'époque. En effet, il fait tourner en continu plusieurs tubes en même temps sur un axe : les cellules peuvent ainsi baigner dans un milieu de culture liquide, qui favorise leur maintien et la croissance de micro-organismes (virus). Le mouvement constant empêche également certaines cellules d'adhérer à la paroi des tubes.

Les cellules humaines permettent aux chercheurs de mener – à grande échelle – des expériences qui ne pourraient pas être effectuées sur les êtres humains. (J'imagine que ça fait aussi quelques animaux de laboratoire en moins à sacrifier sur l'autel de la recherche !)

Elles peuvent être partagées et envoyées encore vivantes – ou congelées. Elles sont alors stockées dans de gros conteneurs en métal, baignant dans un nuage d'hydrogène fumant. Comme dans les films d'espionnage !

Les cellules passent de poche en poche, pour ainsi dire... Tout comme Marie Curie pouvait transporter du polonium et du radium sans paraître se poser la question de leur dangerosité, le Dr Gey et ses collègues essaiment les tubes à essai remplis des cellules HeLa...

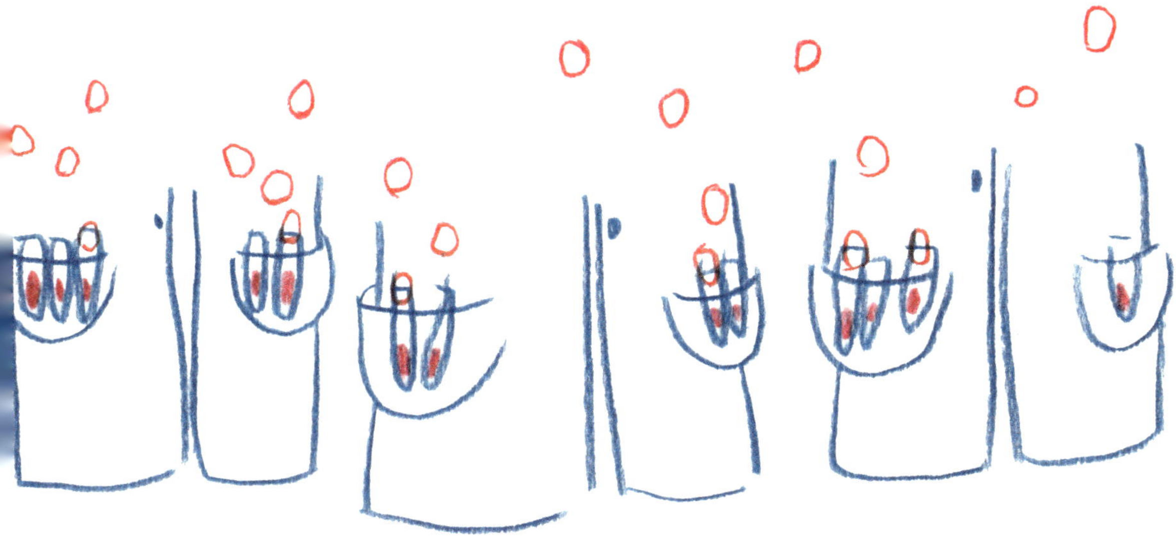

Les cellules d'Henrietta Lacks sont encore vivantes !

Vingt ans après la disparition de leur épouse et mère, les membres de la famille Lacks semblent tomber des nues quand ils apprennent la nouvelle, et ne pas réaliser la portée des informations qui leur parviennent… Qui le pourrait ?

L'article de Michael Rogers a été une vraie mine d'informations. Mais tout cela me dépasse un peu. Comment m'y retrouver ?

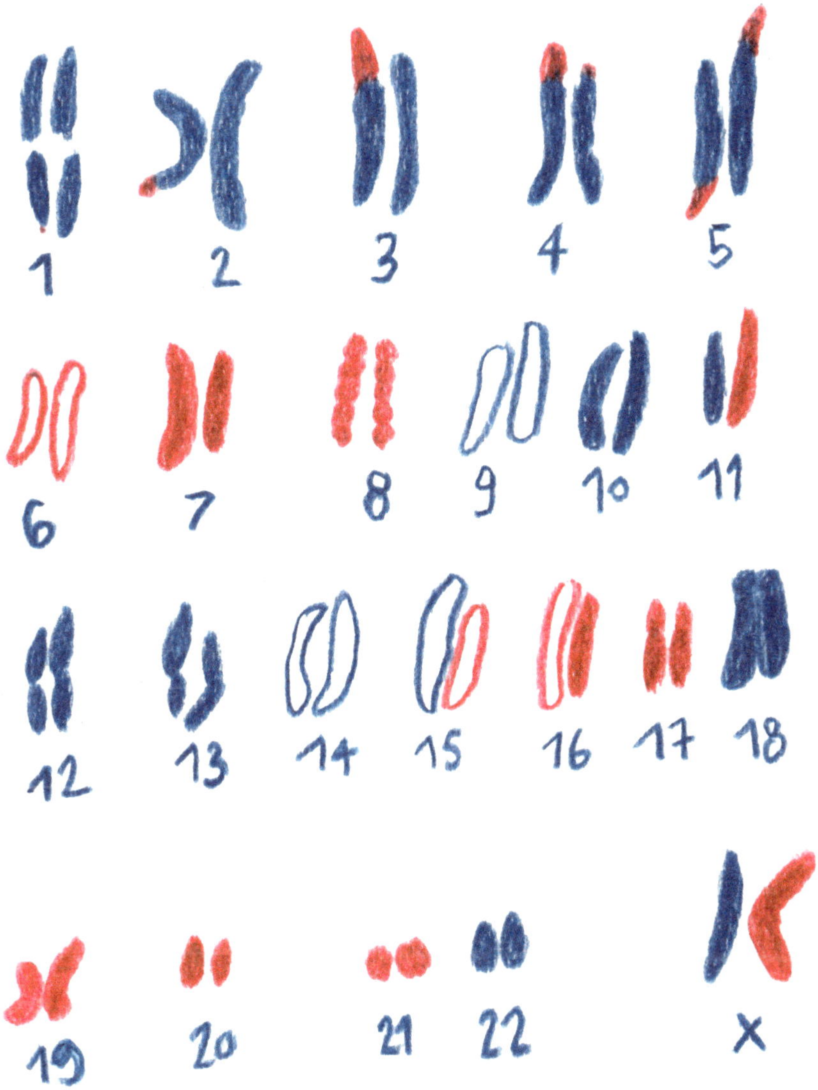
1
2
3
4
5
6
7
8
9
10
11
12
13
14
15
16
17
18
19
20
21
22
X

TOUTES
ET TOUS
FAITS
DE
CEL-
LULES

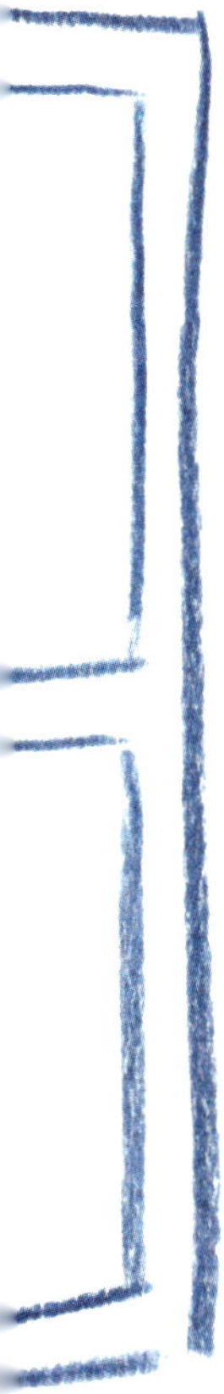

Quand j'ai mentionné le résultat de mes lectures à propos des cellules HeLa à Ale en fin de journée, il a filé sur le Net dans la foulée. Quelques minutes plus tard, il me faisait parvenir un lien vers un documentaire de la BBC. Le pourri ! Pourtant, il sait que mon anglais n'est pas au top.

Je me jette sur mon clavier pour l'insulter :
– *The way of all flesh ?* Je ne comprends déjà pas le titre en anglais, comment veux-tu que je capte toute la vidéo ?!! … Ale, as-tu du cœur ?
– Je cours, je vole, ma Rosalia. On mettra les sous-titres. C'est pas grave si certaines parties nous échappent.

le prof nous
avait-il parlé
d'HeLa?

En attendant l'arrivée d'Ale, j'ai repris mes cours de SVT[13] et regardé vite fait quelques vidéos sur les cellules...

Pas question de perdre la face devant lui.

J'avais le temps... après tout, il prend toujours le sien devant son miroir chéri avant de sortir !

lignée cellulaire

division d'une cellule en deux cellules strictement identiques génétiquement

Journal officiel du 15/09/2013
Site FranceTerme
Domaine : BIOLOGIE/Biologie cellulaire - Biologie du développement

Définition : Ensemble des cellules issues d'une cellule originelle par mitoses successives, présentant les mêmes caractères structurels et fonctionnels, et dont le devenir est identique pour un nombre limité et génétiquement programmé de divisions. = apoptose > renouvellement cellulaire

Note : Les lignées cellulaires cultivées in vitro, qui sont le plus souvent issues de cellules tumorales, ont un potentiel de division illimité. comme les cellules HeLa?

Voir aussi : cellule progénitrice, cellule souche, cellule souche du cordon ombilical, cellule souche embryonnaire, clone cellulaire

Équivalent étranger : cell line (en)

cancéreuses

sans apoptose, mes doigts seraient-ils palmés ?

Le mot vient du latin *cellula*, qui signifie « chambre de moine ».

C'est la plus petite unité vivante capable de se reproduire de façon autonome. Il existe aussi des organismes unicellulaires, formés d'une cellule unique, tels que les bactéries ou les amibes, par exemple.

– On est toutes et tous constitués de cellules ! s'était exclamé notre professeur de biologie en classe.

Je me souviens l'avoir questionné à ce moment de son exposé :
– Monsieur, j'ai lu que nous étions toutes et tous faits de molécules…
– Partons de la cellule, si vous le voulez bien… Il est difficile d'estimer le nombre de cellules dans notre corps. Certaines études avancent des chiffres entre dix et cent mille milliards.
– Ça fait une sacrée différence…
– Oui, en effet. Il existe plus d'une centaine de types de cellules, et toutes se renouvellent plus ou moins rapidement.
– Comme les cellules du cerveau de mon frère, monsieur ?
– Paul, gardez vos neurones concentrés, s'il vous plaît.

La conversation menaçait de partir dans une mauvaise direction à cause du pénible… j'interpellai de nouveau le prof :
– Mais alors, quelle est la relation entre une cellule et une molécule ?
– Les cellules vivantes sont constituées d'un grand nombre de molécules, qui elles-mêmes sont composées d'atomes reliés entre eux. Pour vous donner un ordre de grandeur : si la cellule est une maison, la molécule est un grain de poussière.
– La molécule est invisible à l'œil nu ?
– Oui. Vous avez d'ailleurs certainement vu l'analyse d'un cheveu et pu observer ainsi l'infiniment petit au microscope, non ? Pour vos camarades, je propose de projeter une vidéo produite justement par le CERN[14]. Ce sera bien plus instructif qu'un long monologue de ma part !

WE ARE ALL MADE OF MOLECULES

Sur un des murs du CERN, à Genève, on peut lire l'inscription que je m'étais empressée de photographier lors de notre visite de son musée l'été précédent. Chaque molécule a des propriétés remarquables et spécifiques, qui rendent l'organisation de la matière vivante absolument fascinante – quoi qu'en pensent mes camarades de classe !

Lorsque les gènes fonctionnent correctement, ils indiquent aux cellules quand est venu le moment de se développer. Les cellules se divisent en faisant deux copies exactes d'elles-mêmes à chaque fois (et ce, jusqu'à près de cinquante fois) avant de mourir.

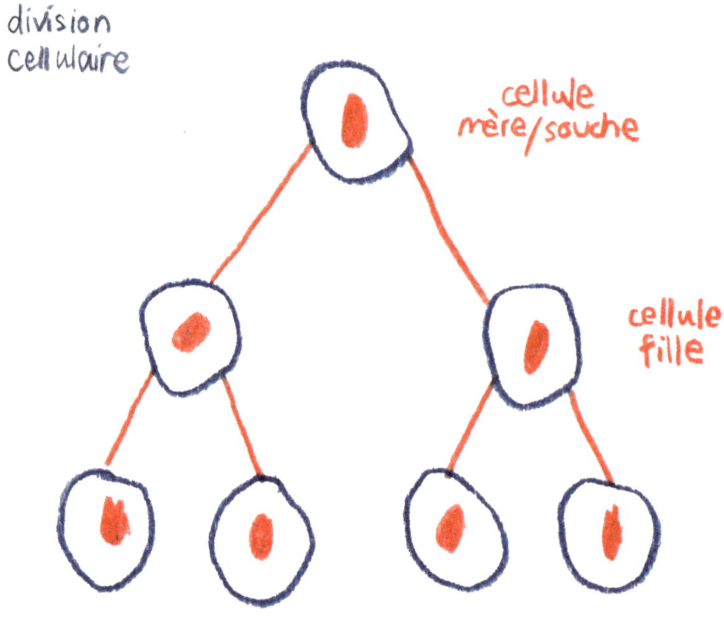

NOYAU = lieu de la synthèse d'ADN et d'ARN

- ADN – acide désoxyribonucléique

= **code de programmation**

L'ADN détermine comment notre corps est construit et fonctionne.

Seuls les vrais jumeaux ont un ADN identique.

- ARN – acide ribonucléique

= **transcription**

L'ARN utilise l'information héréditaire portée par l'ADN, pour synthétiser les protéines.

Les cellules se reposent, prolifèrent ou se suicident… puis, elles meurent de manière génétiquement programmée. On appelle ce mécanisme **l'apoptose**. Du grec *apo* (loin) et *ptosis* (tomber) → décrit la chute des feuilles des arbres en automne…

Pour maintenir les cellules en vie, il faut que certaines **conditions de culture** soient respectées :

◊ environnement stérile pour éviter la contamination entre différents types de cellules ;

◊ milieu de culture : sa composition varie, mais il contient en général de l'eau, des sels minéraux, des acides aminés, du glucose, des gaz, et autres nutriments ;

◊ température optimale ;

◊ concentration en oxygène et dioxyde de carbone.

Dès le départ, les cellules prélevées sur le corps d'Henrietta Lacks ne montrent pas le même comportement que celles cultivées précédemment avec plus ou moins de succès.

Elles se multiplient à vitesse grand V.

Elles semblent incontrôlables, inarrêtables. Certains les diraient monstrueuses.

Et pour cause, la cellule cancéreuse n'agit pas comme une cellule normale. Elle commence à se développer et à se diviser de façon désordonnée, au lieu de mourir quand elle le devrait…

Les lignées cellulaires se développent et meurent, mais pas la lignée HeLa ! Sans qu'on en ait l'explication. Ces incertitudes n'ont pas empêché Gey d'envoyer les cellules HeLa un peu partout dans le monde dès qu'il en a compris le potentiel !

La lignée cellulaire HeLa semble IMMORTELLE.

les cellules
ont-elles muté ?

sont-elles
encore
humaines ?

« Ma mère m'a tout expliqué ! Enfin, presque tout. » Ale est arrivé essoufflé, mais l'œil pétillant. Il était manifestement fier de lui, de sa mère anglaise, et n'était pas près de me dire de quoi il en retournait, à moins que je ne l'en supplie. Je me pliai gracieusement à son petit caprice, super curieuse moi-même.

– Si tu cherches l'expression « *to go the way of all flesh* » dans le dictionnaire, elle signifie qu'un aliment s'abîme, se gâte. Mais le titre du documentaire fait aussi référence à l'Ancien Testament. Dans la Bible, il est écrit : « Toute chair est comme l'herbe, et toute sa gloire comme la fleur de l'herbe. L'herbe sèche, et la fleur tombe. Mais la parole du Seigneur demeure éternellement. »
– Depuis quand l'herbe a-t-elle des fleurs ?
– Oh là là, je reconnais bien là ton esprit hyperlogique. Qu'est-ce que j'en sais, moi ?! Il s'agit probablement d'une image pour nommer la rosée du matin, qui perle et tombe...
– Plic ploc, mais encore, m'sieur le théologien ?
– On a tous un début et une fin. La chair, c'est-à-dire l'être humain, a une vie éphémère. Comme l'herbe. La vie éternelle n'existe pas. La parole de Dieu est, elle seule, éternelle.
– Ah ah, amen !
– ... le pop-corn et lance la vidéo !

Je n'ai pas tout compris à ses explications,
mais il a l'air tellement heureux. Et puis, il a fait
tous ces efforts. Juste pour moi... Il est trognon !

le prélèvement de tissus sur les patientes était-il une pratique habituelle?

l'aspect exceptionnel de la tumeur a-t-il joué un rôle?

Je reprends le fil de l'histoire : en 1951, Henrietta Lacks se rend au *Johns Hopkins Hospital* de Baltimore à la suite de saignements et d'une « boule » qu'elle a elle-même détectée dans son pelvis.

La tumeur trouvée lors du premier examen médical impressionne le gynécologue de garde : elle est violette et ne se comporte pas comme les tumeurs cancéreuses habituelles. Il extrait un bout de tissus et le transmet au laboratoire de Gey accolé à l'hôpital…

Les cellules prélevées vont se diviser toutes les vingt heures. Du jamais vu !

JOHNS HOPKINS
HOSPITAL

l'homme est-il
un animal
comme les autres?

J'ai un sentiment de malaise quand j'entends Mary Kubicek, l'assistante de laboratoire de Gey, décrire la manière dont elle s'empare de son scalpel « stérile », précise-t-elle, pour mettre les cellules en culture. Elle compare alors l'échantillon prélevé sur Henrietta Lacks à un morceau de viande, qu'elle découpe dans une boîte de Petri, avant d'y ajouter quelques gouttes de milieu de culture à base de poulet.

Elle évoque sa gêne quand elle se retrouve confrontée au corps froid d'Henrietta, à l'émotion qu'elle a ressentie en apercevant ses doigts de pieds recouverts de vernis.

les ongles peints d'Henrietta
Lacks font-ils d'elle une femme ?

Henrietta Lacks décède le 4 octobre 1951, laissant cinq enfants en bas âge derrière elle.

Le soir même, au moment où Mary Kubicek se trouve, seule, dans la salle d'autopsie de l'hôpital devant le corps inerte d'Henrietta, le docteur Gey passe opportunément dans un programme scientifique à la télévision et met en scène sa découverte !

qui pour se préoccuper d'eux?

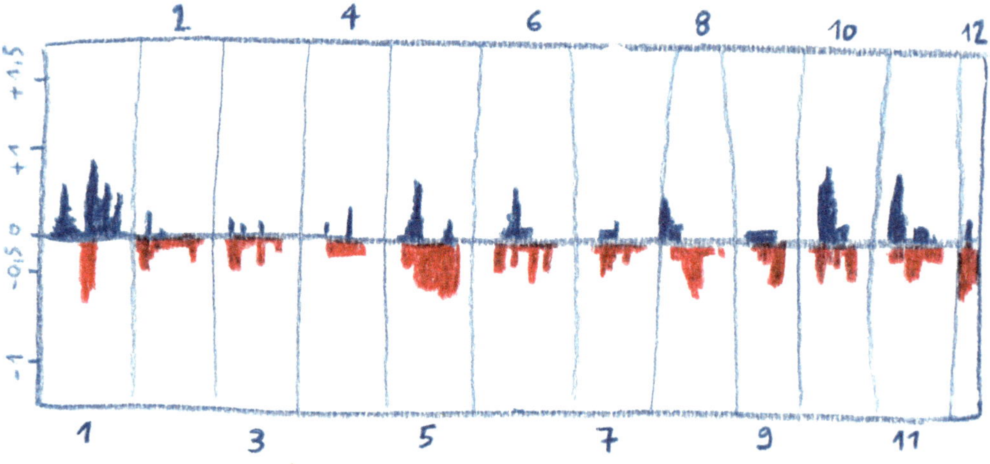

« *Cancer can be conquered!* »
Le lancement de l'émission se fait sur des accents patriotiques, guerriers : « le cancer peut être vaincu ! », grâce à la « production massive de cellules au nom de code HeLa », surenchérit-il.

Le nom d'Henrietta Lacks n'est pas mentionné. Gey n'a pas non plus averti sa famille de ses découvertes. Par peur des poursuites ? de revendications éventuelles ? Pense-t-il même à elle, allongée sur un plateau froid de la morgue ? Le documentaire de la BBC passe outre toutes ces questions qui m'assaillent.

Dans les années cinquante, la course au développement cellulaire est l'objet de toutes les convoitises : certaines maladies, comme le cancer et la polio, sont devenues des enjeux politiques. Les Américains aiment décidément partir en guerre…

Des dames patronnesses lèvent des fonds pour la recherche. Ce sont les mêmes qui soutiennent les candidats aux élections… La pression est forte pour mener et gagner la « guerre contre le cancer[15] » déclarée par l'Administration Nixon !

La polio fait également des ravages dans la population, conduisant à de nombreuses manifestations devant le Capitole.

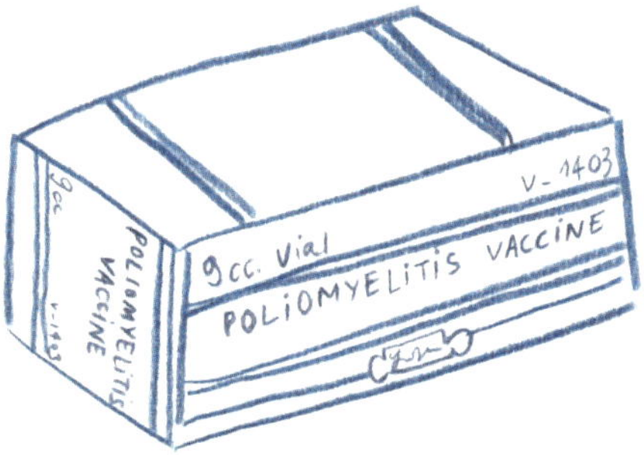

Les cellules HeLa ont, entre autres, permis le développement d'un vaccin contre la poliomyélite.

La polio est un virus, et les virus ont besoin de cellules dans lesquelles proliférer... Les cellules d'Henrietta Lacks, impérissables, se sont révélées être une base de tests parfaite!

grâce à Ale, le documentaire de la BBC me semble moins inaccessible, mes recherches moins absurdes

On est en pleine guerre froide, quand les Russes annoncent avoir découvert le virus du cancer. Mais des analyses américaines montrent que la lignée cellulaire utilisée pour leur étude est « contaminée » par les cellules HeLa. Les chercheurs russes font preuve d'une certaine élégance et reconnaissent rapidement leur erreur.

– Ouah, quelle atmosphère étrange ! La communauté scientifique semble vouloir minimiser – de part et d'autre – la portée de l'événement, s'exclame Ale, en mettant la vidéo sur pause.
– Ah oui, en effet. Peut-être que les Américains souhaitent éviter l'humiliation côté russe, et ne pas créer d'incident diplomatique ?
– Mais du coup, comment les cellules HeLa se sont-elles retrouvées en Russie ?
– Ouais, trop bizarre ! On reprend ?

La période de l'après-guerre est celle de toutes les conquêtes :

- ⊝ conquête du *leadership* mondial ;
- ⊝ conquête commerciale ;
- ⊝ conquête de l'espace ;
- ⊝ conquête scientifique/médicale…

La première « usine » de production en masse de cellules vivantes se crée dans l'Alabama.

L'INSTITUT TUSKEGEE est choisi pour la production en masse des cellules HeLa et leur distribution...

L'Institut Tuskegee fait partie des HBCU, les universités historiquement noires[16] créées après la guerre de Sécession alors que les campus blancs n'acceptaient pas les étudiants afro-américains.

Il a cependant mauvaise réputation dans la communauté noire depuis les fameux « *Tuskegee experiments* ».

Entre 1932 et 1972, une étude sur la syphilis y a été dirigée sur plus de six cents métayers noirs pauvres, sans que ceux-ci reçoivent les soins promis.

Réalisée sans la juste information ni le consentement de ces hommes, elle est un exemple – parmi d'autres – de protocole défaillant et d'absence d'éthique.

À la suite de ce scandale, les autorités réagissent enfin et fondent les principes de base de la bioéthique concernant les études cliniques et expérimentations menées sur les humains.

TUSKEGEE UNIVERSITY
NATIONAL CENTRE FOR BIOETHICS IN RESEARCH AND HEALTH

Les pratiques de l'institut Tuskegee sont loin d'être un cas isolé.
Certains chercheurs ne s'embarrassent pas de principes d'éthique ou de déontologie[17], et mènent des expériences avec les cellules cancéreuses HeLa sur des prisonniers dits « volontaires ».

Cela dit, la culture cellulaire ne permet pas seulement la recherche thérapeutique. Les cellules sont aussi utilisées à des fins bien moins nobles. Les laboratoires pharmaceutiques et cosmétiques en tirent des revenus considérables, qui ne bénéficieront probablement jamais à la famille Lacks.

GET THE LOOK
1930's Make Up
Vanishing Cream

EN RÉSUMÉ…

La culture cellulaire rend possibles des expérimentations précises et répétitives *ex vivo*, c'est-à-dire à l'extérieur de l'organisme dont les cellules proviennent.

On évite ainsi les tests sur les animaux, qui eux sont :

- problématiques en termes d'éthique et plus du tout acceptables pour une majorité croissante de la société ;

- certes au plus proche de la physiologie humaine, mais les animaux ne sont pas humains, ce qui relativise grandement leur intérêt ;

- plus complexes à mener et plus chers.

Dans l'imaginaire collectif, les cellules éternelles renvoient à la fameuse fontaine de Jouvence. La mort ne serait alors plus une fatalité !
Mais le prolongement de la vie et les greffes sont souvent le corollaire d'une vision eugéniste des sciences, qui cherche essentiellement à préserver la « race blanche » prétendument supérieure.

LA RECHERCHE
CELLULAIRE
SERT À…

1| MIEUX COMPRENDRE COMMENT LES CELLULES FONCTIONNENT ;

2| TESTER DE NOUVEAUX MÉDICAMENTS OU DES PRODUITS DE BEAUTÉ ;

3| VÉRIFIER LA TOXICITÉ DE CERTAINS PRODUITS CHIMIQUES ;

4| PRODUIRE DES VACCINS – CERTAINS VIRUS POUVANT SE DÉVELOPPER À L'INTÉRIEUR DES CELLULES ;

5| PRODUIRE DES TISSUS – POUR LES GREFFES DE PEAU, PAR EXEMPLE.

Une fois Ale parti, je me rends sur la terrasse. Ma mère est déjà là…
Les idées se bousculent dans ma tête. J'ai froid jusque dans les os bien qu'on soit en plein milieu de l'été.

– Tu as l'air préoccupée en ce moment ?!
Tu souhaites en discuter ?
– Hmm, je ne sais pas trop.
– Des histoires de cœur ?
– Non, d'utérus et d'éthique !
– Ah, je reconnais bien là ma fille.

Je la sens sourire dans la pénombre. Ma réponse paraît l'amuser et la rassurer en même temps. Je reconnais bien là ma mère !

– Je m'intéresse à une patiente à qui l'on a prélevé des cellules cancéreuses pour les cultiver en laboratoire.
– L'a-t-elle su ?
– Probablement pas. Cela s'est passé dans les années cinquante.
– Il s'agit d'Henrietta Lacks ? J'ai lu le livre d'une ancienne journaliste au *New York Times* à son sujet. Tu devrais pouvoir le trouver dans ma bibliothèque…
– O.K. Il commence à faire froid là, non ?
On rentre ?

maman semblait particulièrement fatiguée ce soir...

Je restai encore quelques instants avec ma mère à parler légèrement de choses et d'autres.

Cela m'a pris un certain temps pour retrouver le livre là où elle me l'avait indiqué. Il était signé de Rebecca Skloot et non Scout, comme elle le pensait… Ah ah, ma mère ne saura jamais donner le titre ou le nom d'une autrice quand il faut ! Heureusement, je n'ai pas hérité de ce talent.

Le livre en main, je décidai de ne pas l'ouvrir tout de suite, envahie par tout un tas de questions.

Jusqu'à présent, mon destin me semblait tout tracé. Cela peut paraître grotesque, mais les sciences étaient mon unique profession de foi. Je n'avais pas de raison de remettre leur noblesse ni leur application en cause. Mais quelle place pour l'humain face à la [techno] science ?

Je ne suis pas complètement naïve… Il existe un esprit de compétition entre scientifiques, entre équipes de recherche, qui permet aussi l'émulation, et il n'est pas toujours évident de collaborer entre personnes de culture différente !

Avec HeLa, je me heurtais pour la première fois de mon existence à des questions morales, éthiques, existentielles.

science sans
conscience
n'est que ruine
de l'âme[18]

faut-il continuer
la recherche scientifique ?

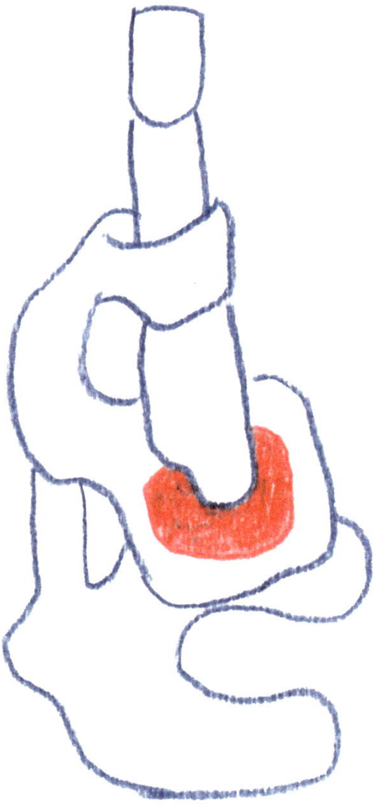

« Je prends toute occasion de rencontrer des scientifiques pour soulever ces questions. En particulier, pourquoi faisons-nous de la recherche scientifique ? [...] la chose extraordinaire, c'est de voir à quel point mes collègues sont incapables de répondre à cette question. Pour la plupart d'entre eux, cette question est si étrange, si extraordinaire, qu'ils se refusent même de l'envisager. En tout cas, ils hésitent énormément à donner une réponse, quelle qu'elle soit. »

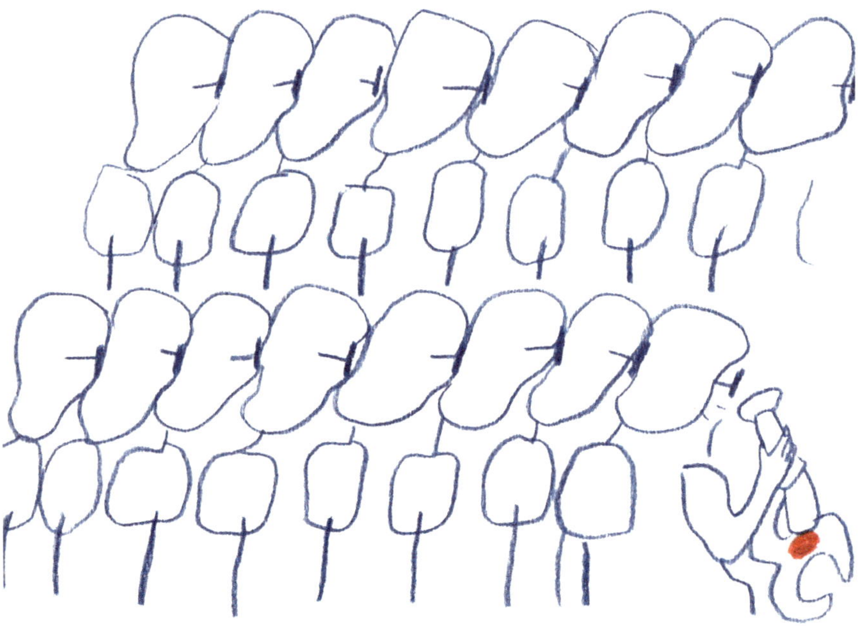

Sur le Net, j'écoute une intervention passionnante d'Alexandre Grothendieck au CERN en 1972. Mathématicien de génie, écologiste avant l'heure, en rupture avec les institutions, marginal..., il n'a laissé personne indifférent. Il n'a pas épargné grand monde non plus.

La légende veut qu'une partie de ses écrits soit stockée dans des cartons de couches pour bébé.
Il n'a pas publié ses travaux, ce qui n'a pas empêché d'autres chercheurs d'emprunter ses idées et résultats d'analyse en le citant dans leur bibliographie – et ce, pour tout autre chose (une pratique assez courante apparemment).

Il a surtout démissionné de l'Institut des hautes études scientifiques à la fin des années soixante-dix après avoir appris que l'établissement était en partie financé par des crédits militaires. Pacifiste résolu, ancien rescapé des camps nazis..., il savait où placer sa ligne Maginot personnelle et exhortait ses collègues à faire de même.

J'aime la personnalité entière, originale et intransigeante de « Gros Dick », comme le nomme Ale. Je ne pense pas pouvoir m'offrir le luxe de pouvoir me comporter comme lui (ni l'envie véritable ou sincère), mais j'apprécie que sa pensée ne soit pas orthodoxe.
J'admire son exigence morale hors norme. Je ne peux pas en dire autant de Gey et de ses contemporains...

Pourquoi vouloir faire de la recherche scientifique

Suis-je faite pour les sciences ?

ou chercheuse ? Sciences

Simple licence, master ou

en Asie ? aux États-Unis ?

quel laboratoire postuler ?

est-il important pour moi ?

Quels champs de

Me faudra-t-il absolument

qui m'attend ? M'expatrier ?

Ai-je la curiosité et

mon métier ? Est-ce vraiment ce que je veux faire ?
Quel domaine scientifique ? Quels débouchés ? Ingénieure
industrielles/appliquées ? Sciences fondamentales/pures ?
doctorat ? Dans quelle université étudier ? en Europe ?
Combien d'années ? Comment financer mes études ? Dans
Ai-je le profil recherché ? Le montant de la rémunération
Dans quel type d'institut ? PUBLIC OU PRIVÉ ?
recherche ? Comment rester fidèle à mes valeurs ?
publier des articles ? Est-ce que je suis prête pour la vie
Travailler en anglais ? Quitter mes parents ?
la ~~patience~~ ténacité requise~~s~~ pour ce métier ?
Comment collaborer avec des équipes
pluridisciplinaires, multiculturelles,
à distance ? Quels horaires ? Comment
concilier ma vie de femme, ma vie
de famille avec ce métier ? Avoir
des enfants ? ou pas... ? Et Ale ?
Respectera-t-il MES CHOIX ?

SÉ–
PA–
RÉS
MAIS
ÉGAUX

Une erreur de diagnostic dans le type de cancer du col de l'utérus dont Henrietta Lacks souffrait expliquerait la fulgurance de la maladie.

La question de l'égalité des soins se pose de manière cruciale dans son cas…

Henrietta Lacks
a-t-elle bénéficié
des mêmes soins
que les patientes
blanches ?

Loretta Pleasant naît en 1920 à Roanoke dans l'État de Virginie. On ne sait pas trop quand son nom change pour Henrietta Lacks.

Sa mère meurt quand elle a cinq ans : elle est alors envoyée chez son grand-père à Clover, à quelque 170 kilomètres de là.

Ce dernier vit dans les anciens quartiers des esclaves sur la plantation des propriétaires blancs, les Lacks.

Dès qu'elle est « en âge », elle travaille dans les champs de tabac avec le reste de sa famille.

Aux États-Unis, la ségrégation raciale est profondément enracinée dans la société. La distinction entre la population de couleur et la population blanche est organisée sur le principe « séparés, mais égaux »[19].

La discrimination est partout. Dans les quartiers d'habitation, les Afro-Américains vivent dans des ghettos noirs. Leurs enfants vont dans des écoles majoritairement pour les Noirs…

FOR COLORED ONLY

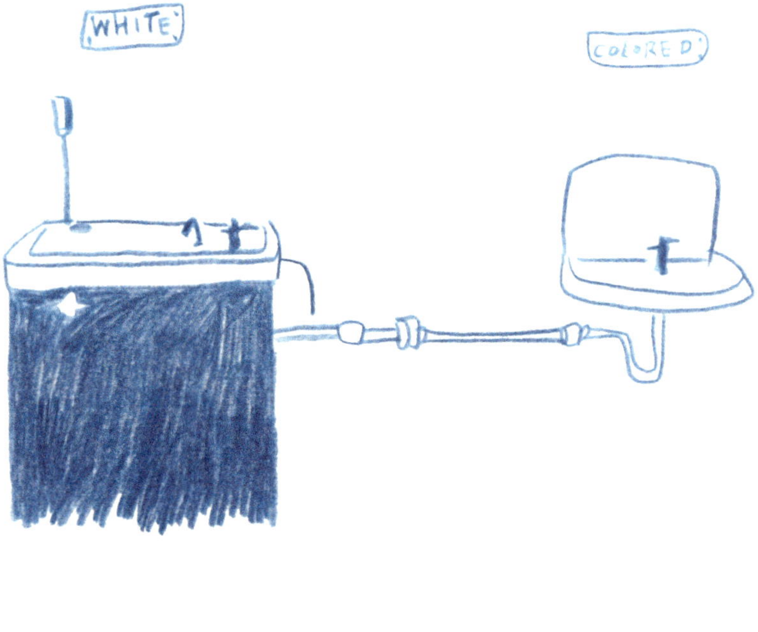
WHITE
COLORED

Églises et organisations communautaires sont noires. Les structures culturelles ne se montrent guère plus progressistes.

Alabama – déc. 1955
Rosa Parks s'assoit au premier rang de la COLORED SECTION réservée aux personnes de couleur. Le chauffeur lui demande de se décaler vers le fond du bus.
Elle n'obtempère pas.

- appel au boycott par Martin Luther King Jr.
- en novembre 1956, la Cour suprême déclare la ségrégation dans les bus inconstitutionnelle

Les lieux publics et transports sont, eux aussi, régis par des règlements inégalitaires.

CLEVEL
2557

– Tu savais que la rébellion de Rosa Parks était une opération préparée à l'avance ?
– Qu'est-ce que tu racontes ?!

Ale, cloué au lit par une méchante grippe depuis quelques jours, en avait profité pour attaquer sa PÀL[20] ! Je lui tendis un thé agrémenté de miel et de gingembre :
– Ah non, pas cette boisson infâme ! Hmm... euh, je suis en train de lire sa bio, continua-t-il tout en grimaçant devant ma potion ~~d'amour~~ magique. L'ingrat.

– Son goût est à la hauteur de son efficacité. Courage ! ... C'est ce livre-là ?
– Non, non, celui en dessous... ça, c'est une trilogie sur le mouvement des droits civiques, mais je t'en parlerai un autre jour.
– Attends, je l'attrape. *Ze rebilliouse laïfe off Roza Parks*[21]... C'est bien celui-là ?
– Ah ah, oui, ton accent s'améliore de jour en jour !
– *Bleh, bleh-bleh*[22]...
– C'est passionnant. Rosa n'est pas la petite souris grise, travailleuse et docile qu'on croit. C'est un sacré caractère, même... Dès 1940, elle milite, aux côtés de son mari, pour le droit de vote des Noirs et contre la ségrégation dans les écoles.

– Bois plutôt ton infusion, monsieur le savant. Dis, tu as bientôt fini le livre ?
– J'aimerais relire les dernières pages avant de te le passer. Reste quelques minutes de plus ici et tu pourras repartir avec. Allez, steuplé ?!
– Ah, mais j'ai pas beaucoup de temps…
– S'il te plaîîîîîîîîît, Rosaliaaaaa ! lance-t-il en battant des cils.
Je lui coupe la parole en haussant les yeux au ciel :
– Okayyyyyy !

En attendant, j'en profitai pour revoir mes notes et collecter quelques informations sur mon portable à propos du mouvement des droits civiques…

La discrimination raciale est systémique, et perdure encore aujourd'hui : pauvreté, manque d'accès à l'assurance maladie et inégalité dans les traitements médicaux font que les Afro-Américains meurent bien plus jeunes que les Blancs.

Ce n'est qu'en 1964 que les droits civiques sont étendus aux populations de couleur. Le vote du *Civil Rights Act* vise à mettre fin à toute forme de ségrégation, de discrimination reposant sur la race, la couleur, la religion ou le sexe.

NO JUSTICE
NO PEACE
1966

FREE
BREAKFAST FOR
CHILDREN SERVED
HERE
MON. thru
FRI. —— 7AM to 9AM
ILLINOIS CHAPTER
BLACK PANTHER PARTY

EN RÉSUMÉ…

Henrietta Lacks, femme noire de trente et un ans, a reçu des soins dans l'un des rares hôpitaux pour personnes de couleur. Les us et coutumes ont fait qu'on l'a *de facto* empêchée de prendre une décision éclairée quant au don de ses cellules.

➙ À l'époque d'Henrietta Lacks, la discrimination était légale.

➙ Non éduqués, non informés, les patients pauvres n'avaient souvent d'autre choix que de faire confiance aux médecins, sans remettre en cause l'autorité médicale ou scientifique.

➙ Du côté du personnel soignant, paternalisme et condescendance menaient souvent à des « mensonges pieux ». La tradition médicale (par méconnaissance, maladresse ou omission) pouvait éventuellement se traduire par un comportement qu'on jugerait de nos jours, à raison, non éthique…

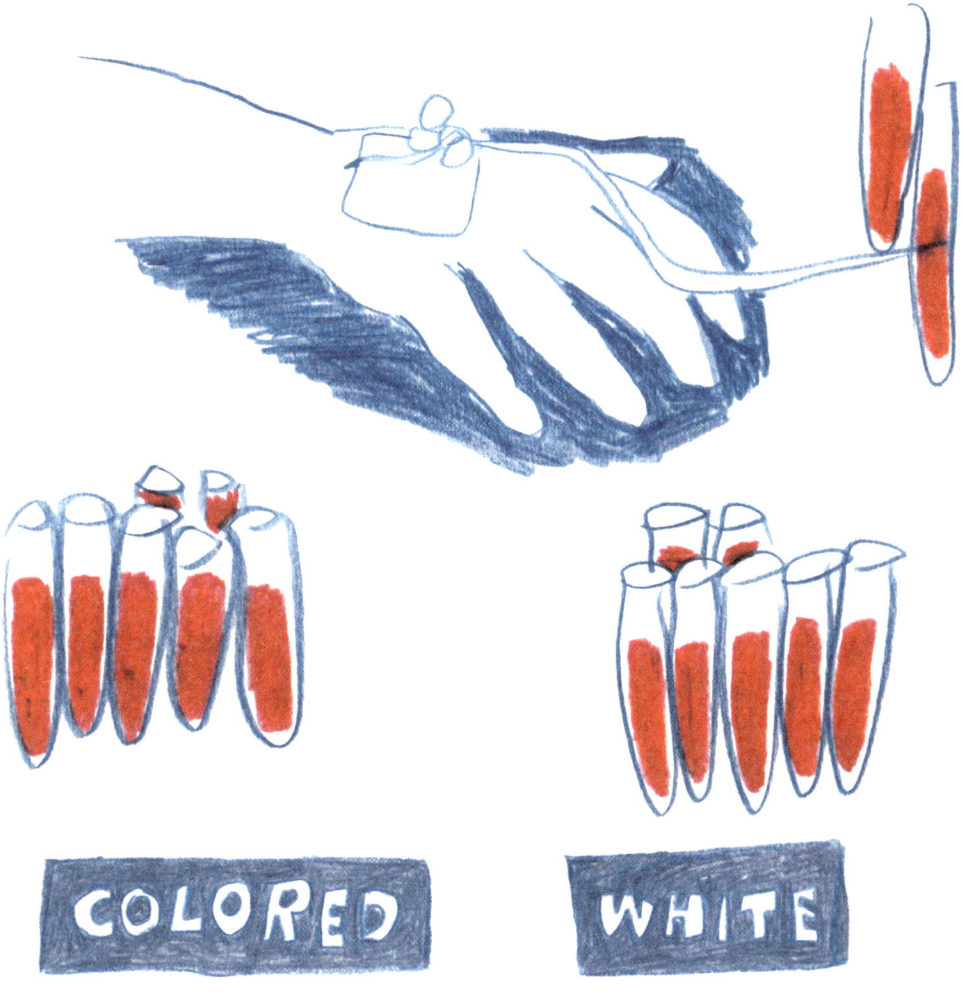
COLORED
WHITE

L'
ESPOIR
D'UNE
VIE
MEIL-
LEURE

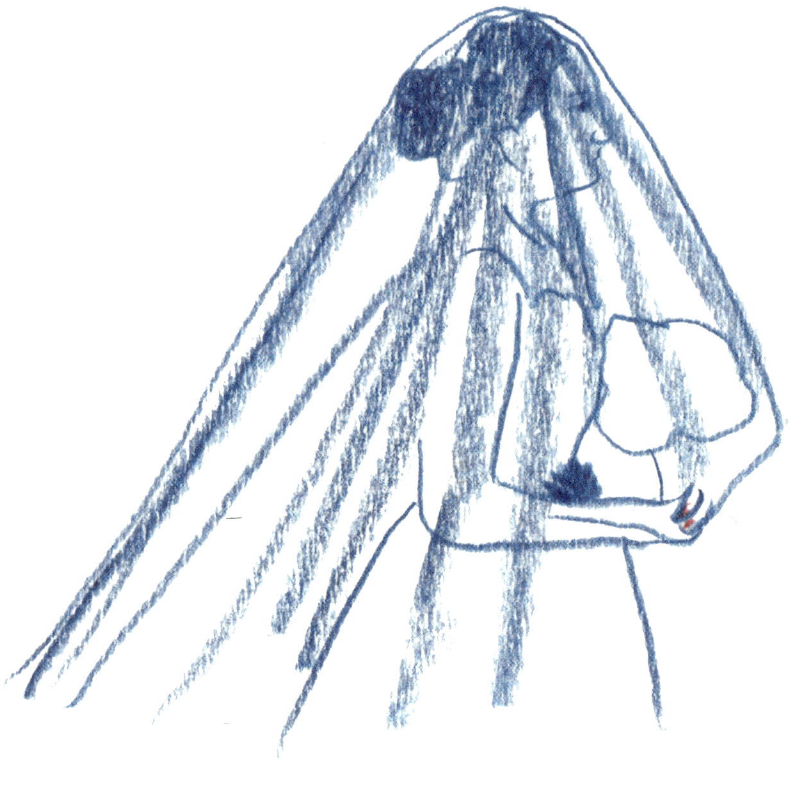

– J’adore les croquis dans ton carnet ! Tu crois qu’elle portait une robe blanche à son mariage ? me demande Ale quelques jours plus tard.
– Je ne sais pas. À leur mariage, elle n’était encore qu’une adolescente. Les deux cousins ont dû se marier rapidement après qu’elle est tombée enceinte.
– Comme si on pouvait tomber pour ça…

– Et toi, Rosalia chérie, tu le vois comment notre mariage ?
– Pff, n'importe quoi. Retourne chez toi, Roméo de pacotille. De toute manière, pas question de porter une robe tarte à la crème. Et puis, pas question de mariage tout court.
– *Killjoy!*
– Quoi ?
– Ma petite rabat-joie à moi… chuchote-t-il.

Sur ce, Ale est sorti de la pièce, son casque sur les oreilles, en chantonnant sur « Boy with Luv[23] »… Il était décidément de plus en plus bizarre.

Une fois seule, je pense aux retrouvailles du couple, lorsqu'Henrietta a rejoint son mari à Baltimore avec leurs enfants…

La famille a quitté Clover pour Baltimore,
dans l'espoir d'une vie meilleure.

Quelques mois plus tôt, Day, le mari d'Henrietta, a trouvé un emploi dans le secteur de la métallurgie.
Le travail est dur, mais la paie bien plus élevée que dans les champs.

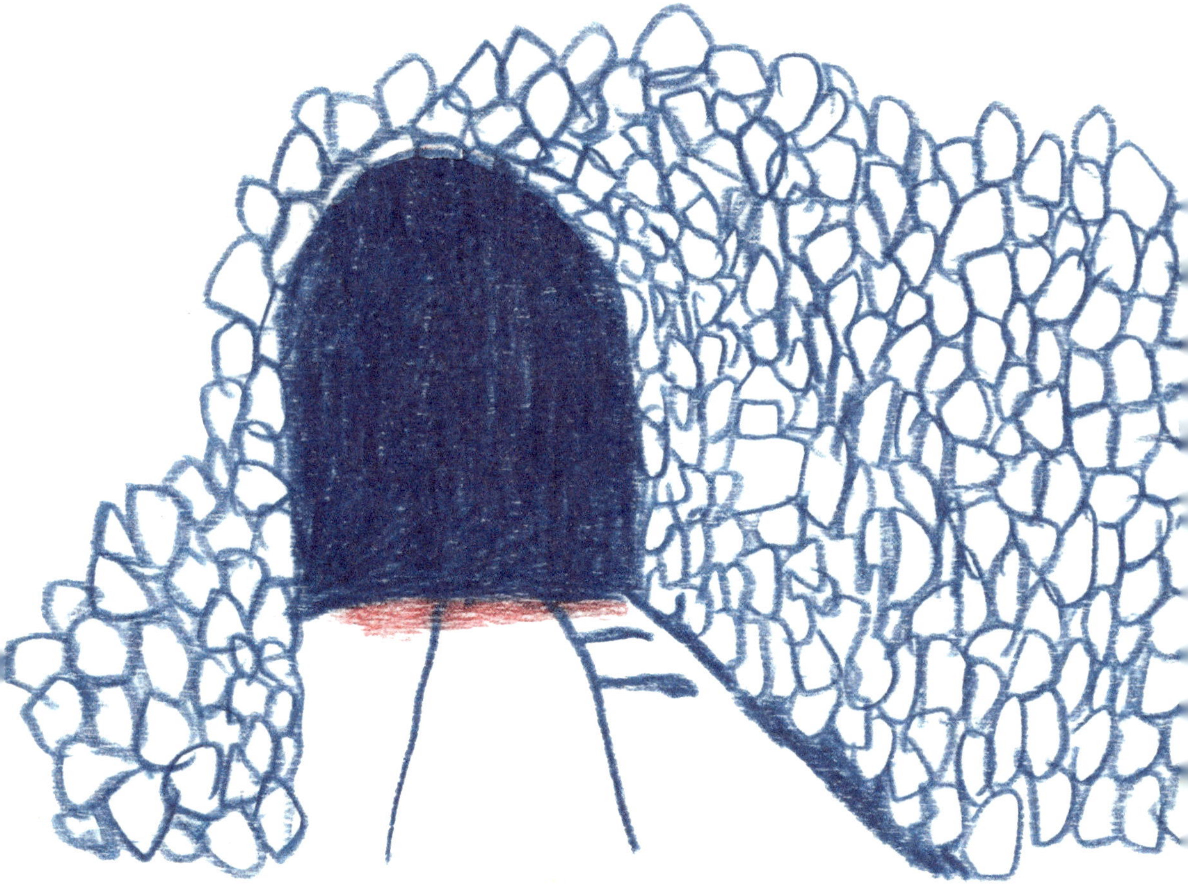

Baltimore fait partie de la *Rust Belt*, la « ceinture de la rouille », surnom donné à la région du nord-est des États-Unis. La ville a construit sa prospérité sur le commerce, grâce à son port, et les industries lourdes (métallurgie, textile, automobile).

Dans le secteur de la sidérurgie, la grande majorité des travailleurs sont noirs. Les propriétaires des aciéries croient alors fermement que les Afro-Américains sont les seuls à pouvoir survivre à la chaleur des hauts-fourneaux – même en plein milieu de l'été. Tu parles de préjugés racistes ! C'est avant tout une force de travail malléable et bon marché.

Je m'interroge encore sur la personnalité d'Henrietta Lacks. Pas facile de se faire une opinion sans l'avoir connue, sans avoir vécu à cette époque-là.

Déménager dans une grande ville a très certainement changé le style de vie de la famille...

Dans *La pensée féministe noire*, Patricia Hill Collins décrit trois archétypes de la femme afro-américaine – à savoir, la matriarche, la nounou et l'assistée sociale. Ces représentations sont avant tout le manifeste des oppressions subies, mais aussi des luttes passées et présentes.

Je ne reconnais le portrait d'Henrietta dans aucune de ces femmes… et ne souhaite pas lui mettre une étiquette de plus !

Ici, je tente – parfois maladroitement peut-être – de réfléchir sur les questions de justice sociale et de droits liés au genre. La santé des femmes est également un sujet qui m'intéresse tout particulièrement. L'état actuel de la recherche donne, en effet, matière à s'impatienter, quand on sait que les traitements destinés aux femmes sont moins efficaces et présentent plus d'effets secondaires que ceux pour les hommes.

UN HOM–MAGE HISTO–RIQUE

Les cellules HeLa n'ont cependant pas fini de faire parler d'elles !
En 2013, des chercheurs allemands ont mis en ligne le génome d'Henrietta Lacks, autrement dit l'ensemble des informations génétiques des cellules HeLa.

Rien d'illégal en soi selon les recommandations fédérales actuelles, qui permettent l'utilisation des informations génétiques d'une personne à partir du moment où elles sont *de-identified*, c'est-à-dire anonymisées. D'un point de vue éthique et moral[24], ce sont néanmoins des pratiques particulièrement choquantes.

La famille Lacks ainsi qu'une partie de la communauté médicale et scientifique ont manifesté leur désapprobation. L'agence américaine des *National Institutes of Health* (instituts nationaux de la santé responsables de la recherche médicale et biomédicale) a alors signé un accord avec les descendants Lacks garantissant un contrôle de l'accès aux cellules HeLa à des fins scientifiques et la reconnaissance de leur utilisation dans les résultats des études publiées.

Il y a quelques mois, une amie m'a envoyé un lien vers la séance que l'Organisation mondiale de la santé (OMS) a tenu ce 13 octobre 2021, quasiment cinquante ans jour pour jour après le décès d'Henrietta.

Le téléphone en main, j'écoute de nouveau son directeur, le docteur Tedros, décerner une distinction à Henrietta Lacks à titre posthume en présence de quelques membres de sa famille... Bien que solennelle, la rencontre est très émouvante.

« En rendant hommage à Henrietta Lacks, l'Organisation mondiale de la santé reconnaît qu'il faut absolument tenir compte des injustices scientifiques passées et faire progresser l'équité raciale dans les domaines de la santé et de la science.

[…] C'est aussi l'occasion de rendre hommage aux femmes – en particulier à celles de couleur – qui ont apporté des contributions incroyables, mais souvent passées inaperçues, aux sciences médicales. »

ealth
ation

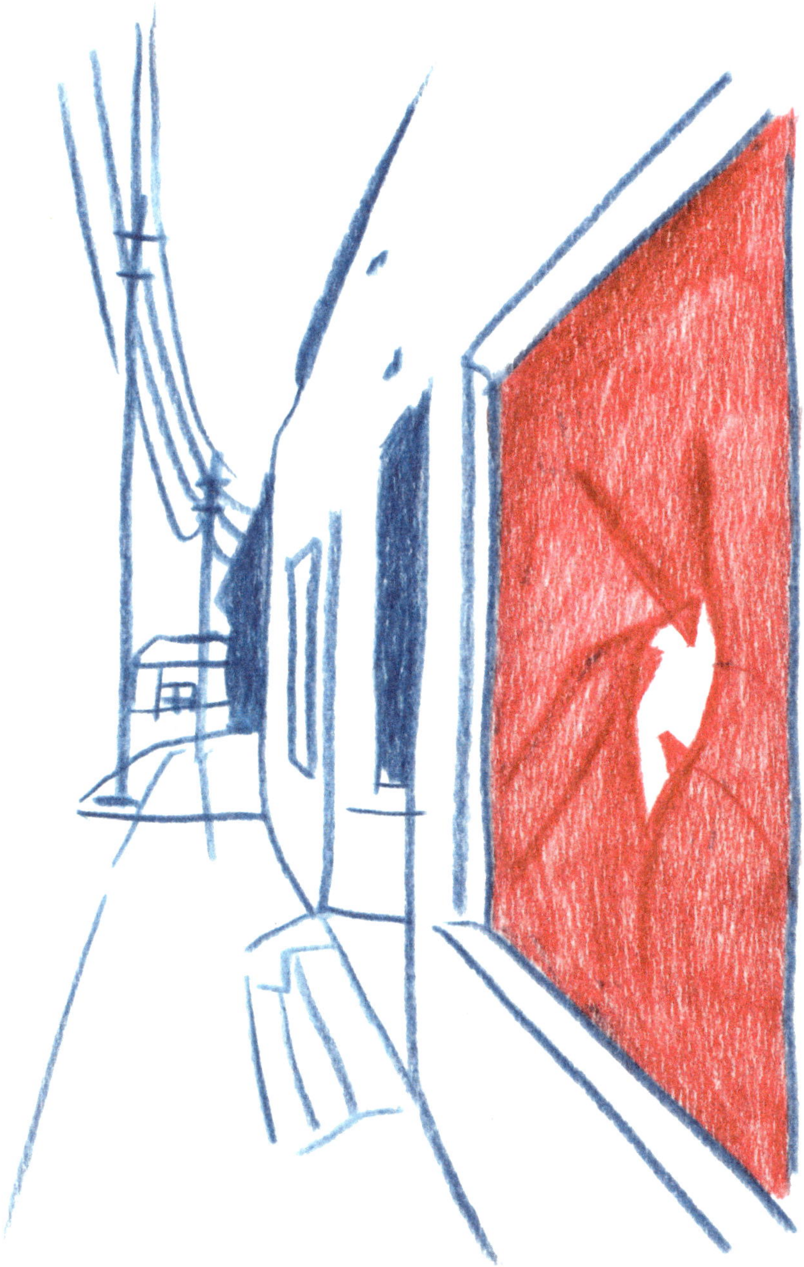

La lignée cellulaire HeLa est l'un des éléments fondateurs de l'industrie de la biotech, créatrice de nombreux vaccins : elle a permis de mener des recherches sur la tuberculose, le virus Ebola et le VIH, et d'établir rapidement des traitements contre la polio, le virus du papillome humain (le VPH, responsable du cancer du col de l'utérus)[25] ou, dernièrement, celui du Covid[26].

Difficile de concevoir les montants financiers en jeu ! L'OMS annonçait, dans un rapport récent[27], un marché juteux de près de 141 milliards de dollars pour une seule année, en 2021.

D'après la journaliste Rebecca Skloot, la famille Lacks n'a jamais demandé d'argent, contrairement à ce qu'on pourrait penser. Elle souhaite avant tout la reconnaissance de l'accaparement initial, illicite, des cellules de leur aïeule par la communauté scientifique, ainsi que de la contribution de ses cellules à l'ensemble de l'humanité.

Avant la rentrée, je décide de remiser toutes les photos et la documentation rassemblées ces derniers mois dans une boîte en haut de l'armoire de ma chambre. Je croiserai, à n'en pas douter, de nouveau la route d'Henrietta. Ne serait-ce qu'en amphi. Et puis, son portrait reste accroché au-dessus de mon lit...

(Mon père a probablement vu qu'il manquait un exemplaire à sa collection, mais il ne m'a posé aucune question. Peut-être en a-t-il parlé à ma mère ?! À vrai dire, ils me fichent une paix royale ces derniers temps. Je les sens plus insouciants, soulagés des bonnes nouvelles concernant la santé de ma mère. De vrais tourtereaux !)

LES STATES EN MODE ROOTS[28]

Je suis venue passer quelques jours avec mes parents avant de prendre l'avion pour les États-Unis en compagnie d'Ale.

Bientôt en master de biologie moléculaire et cellulaire, je me destine à la recherche en thérapie génique. J'aime mes études passionnément, et je sais la route encore longue jusqu'au doctorat.

Ma mère, elle, est en rémission depuis quelques années maintenant. Elle est frêle, mais déterminée à ne pas laisser le cancer gagner. Je sens son squelette lorsque je la serre dans mes bras. À ces moments-là, mon cœur bat son plein, reconnaissant.

– On doit, à tout moment, se demander ce qu'on peut apporter ou changer, sans nuire à autrui. C'est la seule façon d'avancer. N'oublie jamais pourquoi tu as choisi la recherche.
– Oui, maman.
– Ton père et moi sommes très fiers de toi, tu sais… Quel que soit le chemin pris.
– Ah voilà, tu as réussi à me faire pleurer !
– Ah ah, moi aussi, mais ce sont des larmes de joie, n'en doute pas. Jamais. Je t'aime très fort, ma grande.

On part, direction le campus de la faculté des sciences de Tuskegee, où nous allons passer les prochains mois...

BUS STATION

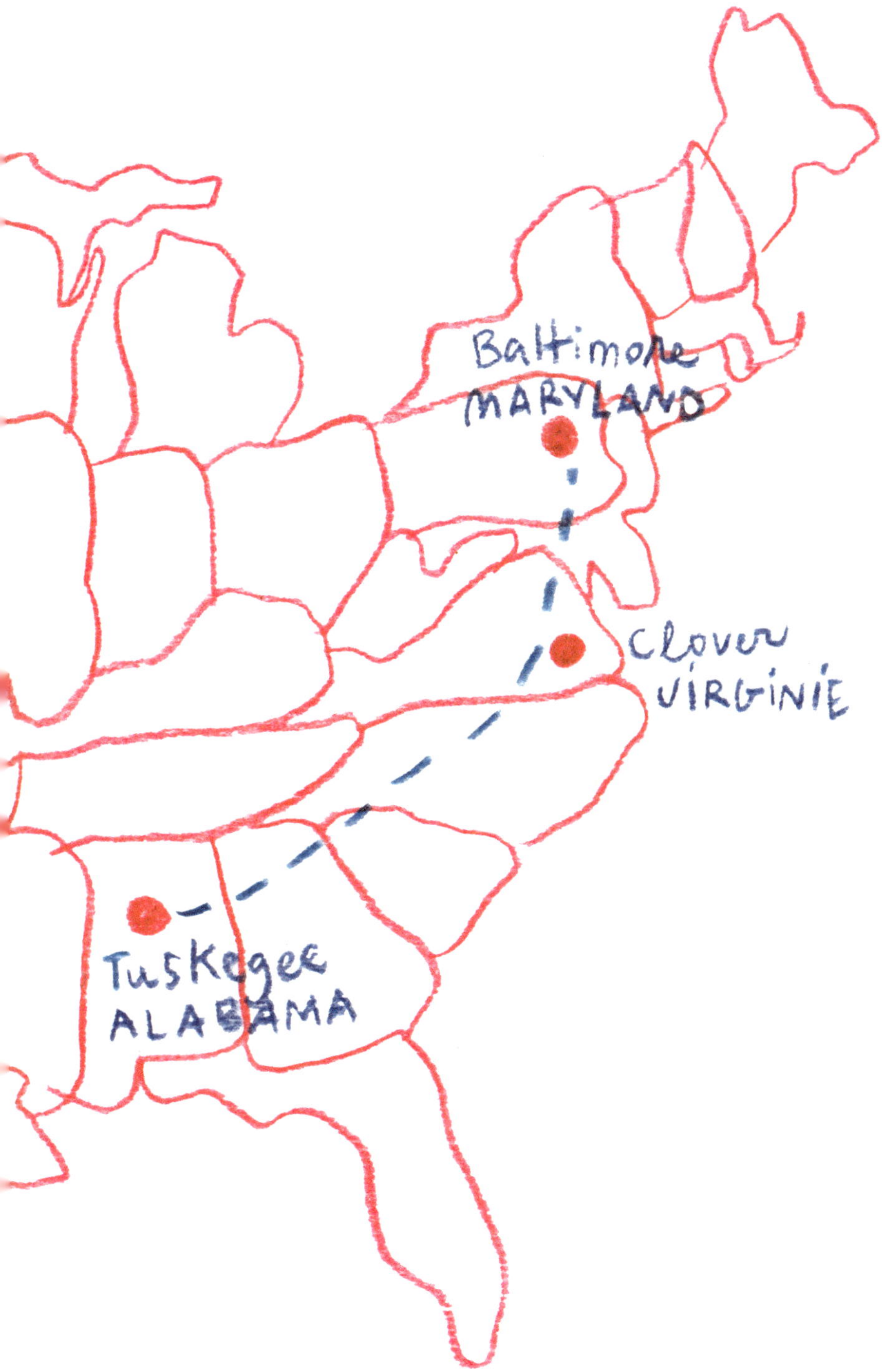
Baltimore
MARYLAND
Clover
VIRGINIE
Tuskegee
ALABAMA

STOP
TURNE
STATL

Nous ne restons pas très longtemps à Baltimore, notre première escale. Elle fait partie, comme Détroit, de ces villes en déclin qui perdent de la population.
Nous évitons soigneusement le quartier du *Johns Hopkins Hospital*.

RE SUPERMARKET

On quitte la ville sous la pluie.
Le pétrichor[29] imprègne l'air et envahit mes sens. J'imagine la chimie organique en action sous nos pieds, et comment des millions, non, des milliards de micro-organismes (les actinobactéries) transforment la matière en décomposition en une senteur unique et fraîche grâce à des molécules extrêmement volatiles.
L'odeur de l'humus humide chatouille mes narines et me rend soudain nostalgique...

LACKS
ROAD
ENDS
CLOVER

MOON OF MILK AND HONEY...

…les seules gens qui existent pour moi sont les déments, ceux qui ont la démence de vivre, la démence de discourir, la démence d'être sauvés, qui veulent jouir de tout dans un seul instant, ceux qui ne savent pas bâiller ni sortir un lieu commun mais qui BRÛLENT, BRÛLENT, BRÛLENT, pareils aux fabuleux feux jaunes des chandelles romaines explosant comme des poêles à frire à travers les étoiles…

– Jack KEROUAC[30]

Arrivés à Clover, nous avons rejoint Lacks Town : on a reconnu la maison du grand-père Lacks (qui avait recueilli Henrietta à la mort de sa mère) d'après quelques photographies trouvées sur le Net.

Respectueux du lieu, nous sommes restés à distance. L'ancienne cabane d'esclaves semblait fort délabrée, les lames de bois tenaient encore par je ne sais quel miracle, les branches des arbres rentraient par les fenêtres.

À quelques mètres de la maison, le cimetière familial laissait apparaître quelques tombes parmi les herbes hautes.
On ne s’est pas éternisés.

« Il était presque toujours de bonne humeur,[31]
le reste du temps il dormait »

POST
WEST
92 92

Welcome to
Sweet Home
Alabama

La maladie de ma mère et la « rencontre fortuite » avec Henrietta Lacks ont fortement influencé mes choix de vie.
Tous les jours, j'essaie, avec mes collègues, de contribuer, sans « bâiller », à une meilleure recherche sur la santé des femmes, à une distribution plus juste des médicaments et vaccins dans le monde.
Peut-être suis-je assez folle pour penser pouvoir changer le monde ?[32]

ma plus jeune cousine a bien grandi :
elle vient tout juste de se faire
vacciner contre le VPH à l'origine
du cancer du col de l'utérus...

The End

NOTES

1 *On a pris le temps* est ma chanson préférée de tout l'album *Éphémère* co-écrit par Gaël Faye, Ben Mazué et Fabien Marsaud, dit Grand Corps Malade, produit par Quentin Mosimann et Guillaume Poncelet (*Anouche Records*, 2022). Et là, j'ai bien pris le temps de la faire écouter en boucle à toute ma famille. Ça vous arrive aussi ?

2 BTS : groupe de chanteurs coréens. Si le livre était écrit par Ale, il poserait certainement la question « *any other BTS ARMY here?* ».

3 Ale est le diminutif du prénom Alejandro. Il s'énerve quand je le nomme « ginger ale », du nom de ma boisson au gingembre préférée... Il me rappelle alors que la prononciation n'est pas du tout la même, que je dois le gazouiller gentiment [a-lééé].

4 À propos de mon Petit Panthéon, une longue explication, mais il et elles le valent bien :

˘ᴥ˘ Alexandre Grothendieck, mathématicien français, que Ale aime bien surnommer « Gros Dick », le jaloux. J'en parle un peu plus loin dans le texte. Je vous conseille vivement d'écouter son intervention au CERN (voir note 14).

˘ᴥ˘ Hedy Lamarr, comédienne à Hollywood et inventrice méconnue d'un système de codage des transmissions à l'origine du GPS et du WIFI. On peut être glamour et super intelligente.

˘ᴥ˘ Rosalind Elsie Franklin, biologiste moléculaire britannique. Ses travaux à l'origine de la découverte de la structure hélicoïdale de l'ADN ont été spoliés par deux de ses anciens collègues mâles. Un classique.

˘ᴥ˘ Katherine Johnson, physicienne et mathématicienne afro-américaine. Les calculs de cette ingénieure ont permis le premier vol spatial vers la Lune. J'ai adoré le film *Les Figures de l'ombre* retraçant cette partie cachée de la conquête spatiale.

5 *Drama queen* : personne qui aime le mélodrame. Tout Ale !

6 *Fraggle Rock* est une émission télé que mon père m'a fait regarder quand j'étais petite. Les marionnettes – comme celles de *Sesame Street* et *The Muppets* – ont été créées par Jim Henson dans son atelier de Camden, à Londres. Petits et poilus, les Fraggles vivent dans des grottes magiques et aiment par-dessus tout s'amuser.

7 « Fomax » veut dire « folle au max ». Référence au roman *On est tous faits de molécules* de Susin Nielsen, paru aux éditions Hélium en 2015. Il date un peu, mais, pour en avoir relu quelques passages hier soir, il est terriblement drôle.

8 OCD (obsessive-compulsive disorder) ou TOC (trouble obsessionnel compulsif) en français, mais OCD fait plus chic, non ?

9 *Rolling Stone* : magazine américain couvrant principalement la pop culture et les informations musicales. Le titre signifie littéralement « pierre qui roule », et par extension « bourlingueur ». Je précise, parce que ça illustre bien l'esprit du magazine et de ses journalistes.

10 *The double-edged helix – A biomedical detective story, by Michael Rogers* : *La double hélice, une investigation biomédicale* de Michael Rogers. « Helix » fait référence à la structure moléculaire de l'ADN ; « *double-edged* » signifie également à « double tranchant ».

11 Helen Lane est en vie !

12 Parce que la confiance n'exclut pas le contrôle, je mets ici la référence de l'article paru dans la revue *Science* : *HeLa Cells: Contaminating Cultures Around the World*, Barbara, J. Culliton (*Science*, vol. 184, 7 juin 1974).

13 SVT signifie « science de la vie et de la Terre ». Mes parents nomment ça encore « sciences nat' ».

14 Le CERN est l'Organisation européenne pour la recherche nucléaire. On a visité le musée du centre de recherche au retour de vacances dans le Sud. Le tunnel LHC (Grand collisionneur de hadrons) y accélère les particules à la vitesse de la lumière ! Il reste encore tant de choses à explorer, comme les univers parallèles de *Star Wars*... Les étudiants de l'université de Leicester en Angleterre ont calculé que le Faucon Millenium de Han Solo se déplacerait à une vitesse de la lumière au moins 100 000 fois supérieure à celle définie par la physique moderne.

15 En 1971, le président Richard Nixon déclare la guerre au cancer (*war on cancer*), devenu deuxième cause de mortalité aux États-Unis, et signe une loi, le *National Cancer Act*. Il promet devant le Congrès de « vaincre cette maladie redoutable »... Une promesse bien difficile à tenir !

16 Universités historiquement noires : en anglais, *Historically black colleges and universities (HBCU).*

17 La déontologie est l'ensemble des devoirs et des obligations qui régissent le corps médical ou scientifique. Des sanctions peuvent s'appliquer en cas de défaillance. L'éthique, elle, invite à réfléchir aux valeurs qui motivent une action, à choisir la conduite la plus appropriée. Elle désigne, d'une certaine manière, l'interprétation des règles.

18 Dans *Pantagruel*, Rabelais fait écrire à Gargantua : « Mais parce que selon les dire du Sage Salomon, Sapience n'entre point en âme malveillante, et science sans conscience n'est que ruine de l'âme, il te convient de servir, aimer et craindre Dieu, et en lui remettre toutes tes pensées et tout ton espoir... » Le passage ne s'applique pas aux sciences telles qu'on les entend aujourd'hui, mais à la connaissance. La citation pourrait cependant s'appliquer au cas des cellules HeLa.

19 Dans un article en ligne intitulé *À quoi sert la recherche fondamentale ?*, Christopher Hubert Llewellyn Smith, ancien directeur général du CERN (voir note 14), différencie science fondamentale et science appliquée ainsi : « Personnellement, je n'aime pas les expressions "science fondamentale" et "science appliquée" : après tout, qui peut dire à l'avance ce qui est applicable ? Elles peuvent cependant être utiles si on les définit en termes de motivation :
– Science fondamentale, motivée par la curiosité ;
– Science appliquée, visant à répondre à des besoins précis.
Ayant défini ces termes, je soutiendrai plus loin que les gouvernements ont le devoir particulier de financer la science fondamentale, tandis que la science appliquée peut généralement être confiée à l'industrie. Bien entendu, la distinction n'est pas toujours aussi tranchée, et le terme "recherche stratégique" est parfois employé pour décrire la science relevant d'une catégorie intermédiaire... »

20 La doctrine «*separate but equal*» faisait partie de la Constitution des États-Unis, instituant le fait légal de la ségrégation raciale alors que le quatorzième amendement garantissait une protection identique à tous les citoyens, sur le principe que tous les hommes sont nés égaux. J'aime bien les phrases longues, indigestes et hyper techniques. Ça fait tout de suite plus sérieux.

20 PÀL: pile de livres à lire.

21 *The Rebellious Life of Mrs. Rosa Parks,* Jeanne Theoharis (*Penguin Random House*, 2014). J'écorche le titre de mon bel accent français, juste pour embêter Ale...

22 Vous aurez probablement reconnu la citation extraite du film d'animation *Hôtel Transylvanie* (*Sony Pictures Animation,* 2012). On a les références qu'on peut ;)

23 Chanson du groupe coréen BTS de 2019, traduite par Elwen par «*un garçon rempli d'amour*» sur le site www.btsarmyfrance.fr.

24 La différence entre éthique et morale est ténue... La morale, en posant la question du Bien et du Mal, trace les contours des devoirs, du permis et des interdits. Pour une définition de l'éthique, hop hop hop, elle est déjà donnée un peu plus haut (note 17).

25 Les infections à papillomavirus humain (HPV), qui sont parmi les plus répandues sur terre, peuvent être à l'origine de cancers, tels que celui du col de l'utérus. La vaccination, pratiquée avant le début de la vie sexuelle, doit permettre d'en diminuer sa transmission, si ce n'est de l'éradiquer à terme. Bizarrement, elle n'a été initialement recommandée que pour les filles ! Mais elle est depuis peu également conseillée pour les garçons.

26 Ma source? Un article de Rachel Schraer sur le site de la *BBC*: *Using my family's dark history to teach about vaccines*, 14 décembre 2022.

27*Global vaccine market report 2022 – A shared understanding for equitable access to vaccines*, rapport sur le marché mondial des vaccins 2022 déniché sur le site de l'OMS et accessible à tout le monde.

28 Voyager en mode roots (ou «à la *roots*») signifie prendre le strict minimum avec soi, dans un sac à dos. On vit au jour le jour, au plus proche de la nature, sans se ruiner. Mes parents sont d'anciens routards, mais, bizarrement, ils ne me poussent pas vraiment à devenir «*backpacker*» (qui voyage à l'aventure) munie de mon seul sac à dos.

29 L'odeur de la pluie est un phénomène de chimie organique! Elle est appelée «pétrichor», un néologisme forgé dès les années soixante par des scientifiques australiens, mais ce n'est qu'en 2010 que des chercheurs de l'Institut de technologie du Massachusetts ont pu en comprendre les mécanismes complexes. L'huile fabriquée par les plantes pendant les périodes sèches se mélange à des composés organiques volatils (COV), appelés «géosmine», et libère ces molécules dans l'atmosphère, produisant cette odeur de pluie unique, à chaque fois différente.

30 Extrait d'une traduction de Jacques Houbart, légèrement modifiée, du texte *Sur la route* de Jack Kerouac (*Gallimard,* coll. *Folio*, 2022). En effet, je préfère la version

originale et ses trois « *burn, burn, burn* » plutôt que son adaptation française « qui brûlent, qui brûlent ».
On the road, publié pour la première fois aux États-Unis en 1957, est écrit en trois semaines sur un rouleau long de trente-sept mètres, sans chapitrage ni ponctuation ! « Pas de pause pour penser au mot juste mais l'accumulation enfantine et scatologique de mots concentrés. » Le récit, culte pour toute une génération, amorce le mouvement de la *Beat Generation*, et fait le portrait de la jeunesse des années soixante, marquée entre autres par la libération des mœurs. Il paraît que si à quinze ans on n'a pas encore lu Kerouac, on a raté sa vie… Et si vous n'êtes pas encore convaincus, il y a toujours la série de podcasts *Beat Generation ou la fureur de vivre* de l'émission radiophonique *La Compagnie des œuvres* sur France Culture.

31 Dans *L'Écume des jours* de Boris Vian (*10/18*, 1962), Colin, le personnage principal a une vingtaine d'années. Il aime le jazz et l'amour, déteste la violence et le travail…

32 Clin d'œil à la citation précédente tirée de *Sur la route* de Jack Kerouac ainsi qu'à un passage des entretiens entre Steve Jobs et Walter Isaacson (*Jean-Claude Lattès*, 2011) : « Les fous, les marginaux, les rebelles, les anticonformistes, les dissidents… tous ceux qui voient les choses différemment, qui ne respectent pas les règles. Vous pouvez les admirer ou les désapprouver, les glorifier ou les dénigrer. Mais vous ne pouvez pas les ignorer. […] Car seuls ceux qui sont assez fous pour penser qu'ils peuvent changer le monde y parviennent. »

RÉFÉRENCES BIBLIOGRAPHIQUES

à propos d'Henrietta Lacks

- *Apparent HeLa cell contamination of human heteroploid cell lines.* Stanley M. Gartler (*Nature*, n°217, 1968)
- *HeLa cells: contaminating cultures around the world*, Barbara J. Culliton (*Science*, 7 juin 1974)
- *The double-edged helix*, Michael Rogers (*Rolling Stone*, 25 mars 1976)
- *The way of all flesh*, documentaire d'Adam Curtis (*BBC*, 1997)
- *Immortal cells – moral issues*, Ruth Faden (*Baltimore Sun*, 12 février 2010)
- *The complexities of genomic identifiability*, Laura L. Rodriguez, Liza D. Brooks, Judith H. Greenberg & Eric D. Green (*Science*, 18 janvier 2013)
- *The immortal life of Henrietta Lacks, the sequel*, Rebecca Skloot (*The New York Times*, 23 mars 2013)
- *HeLa-cious coverage – Media overlook ethical angles of Henrietta Lacks story*, Curtis Brainard (*Columbia Journalism Review*, 28 mars 2013)
- *The HeLa genome – An agreement on privacy and access*, Francis S. Collins (*National Institutes of Health*, 2013)
- *HeLa publication brews bioethical storm*, Ewen Callaway (*Nature*, 27 mars 2013)
- *Biospecimen policy: family matters*, Kathy L. Hudson & Francis S. Collins (*Nature*, 8 août 2013)
- *Henrietta Lacks and the HeLa cell: rights of patients and responsibilities of medical researchers*, Jessica L. Stump (*The History Teacher*, vol.48, n°1, novembre 2014)
- *La vie immortelle d'Henrietta Lacks*, Rebecca Skloot (*Calman-Lévy*, 2017)
- *Henrietta Lacks: science must right a historical wrong* (Nature, 1er septembre 2020, édito)
- *Dr Tedros honours Henrietta Lacks' legacy across the world* (*WHO*, 13 octobre 2021)

à propos de l'inégalité des soins aux États-Unis

- « *Aux États-Unis, les Noirs continuent à mourir cinq ans plus tôt que les Blancs* », Corine Lesnes (*Le Monde*, 19 avril 2022)
- *Unequal treatment – Confronting racial and ethnic disparities in health care*, Brian D. Smedley, Adrienne Y. Stith, and Alan R. Nelson, (*National Academies Press*, 2003)

à propos de Rosa Parks, du féminisme noir

- *The rebellious life of Mrs. Rosa Parks*, Jeanne Theoharis (*Penguin Random House*, 2014)

- *Rosa Parks, « la femme qui s'est tenue debout en restant assise »* (*France Culture*, 2020)
  Épisode 1 : *Rosa Parks, pas celle que vous imaginez*
  Épisode 2 : *Rosa Parks et ses sœurs de combat*

- *La pensée féministe noire*, Patricia Hill Collins (*Payot essais*, 2021)

- *Femmes, race et classe*, Angela Davis (*Zulma essais*, 2022)

- *Noire, la vie méconnue de Claudette Colvin,* suivi de *L'assignation, les Noirs n'existent pas*, Tatiana De Montaigne (*Le livre de poche*, 2022)

à propos d'Alexandre Grothendieck

- *Allons-nous continuer la recherche scientifique ?* Conférence donnée par Alexandre Grothendieck – CERN-AUDIO-1972-003 (*CERN*, 27 janvier 1972)

- *Récolte et semailles I, II – Réflexions et témoignage d'un passé de mathématicien*, Alexandre Grothendieck (*Gallimard*, 2022)

autres références

- *Comment peut-on être paternaliste ? Confiance et consentement dans la relation médecin-patient*, Alexandre Jaunait (*Raisons politiques,* vol. 3, n°11, 2003)

- Chapitre *A brief economic history of modern Baltimore* in *Putting Baltimore's people first,* SEIU/Service Employees International Union (*SEIU*, 1199E-DC, 2004)

- *Voyage au cœur des atomes,* OPEN-VIDEO-2018-007-001 (*CERN*, 2018)

- *Sur la route*, Jack Kerouac (*Gallimard,* coll. *Folio*, 2022)

- *Steve Jobs*, Walter Isaacson (*Jean-Claude Lattès*, 2011)

- *L'Écume des jours*, Boris Vian (*10/18*, 1962)

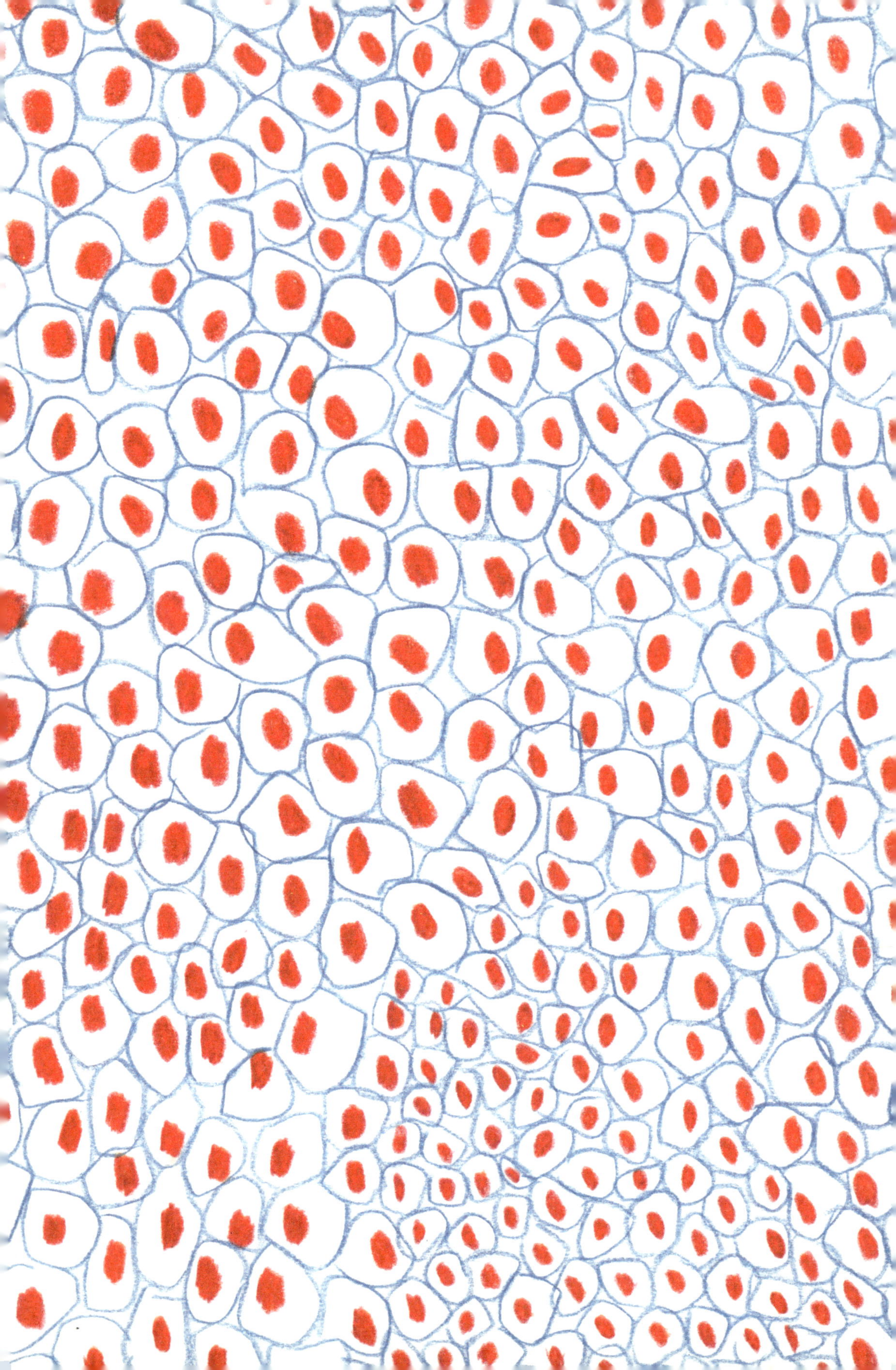